皇朝瑣屑録

(清)鍾琦 撰

國家圖書館出版社

1

憑花館瑣筆

圖書在版編目(CIP)數據

皇朝瑣屑録·悪花館瑣筆(全四冊)/(清)鍾琦撰.—北京:國家圖書館出版社,2011.12

ISBN 978-7-5013-4685-1

Ⅰ.①皇… Ⅱ.①鍾… Ⅲ.①中國歷史—史料—清代 Ⅳ.①K249.06

中國版本圖書館 CIP 數據核字(2011)第 209363 號

責任編輯:許海燕

ISBN 978-7-5013-4685-1

9 787501 346851 >

書名	皇朝瑣屑録·悪花館瑣筆(全四冊)
著者	(清)鍾琦 撰
出版	國家圖書館出版社(原北京圖書館出版社) (100034 北京市西城區文津街 7 號)
發行	010-66139745 66175620 66126153 66174391(傳真) 66126156(門市部)
E-mail	btsfxb@nlc.gov.cn(郵購)
Website	www.nlcpress.com→投稿中心
經銷	新華書店
印刷	北京華藝齋古籍印務有限公司
開本	850×1168 毫米 1/32
印張	79.5
印數	150(套)
版次	2011 年 12 月第 1 版 2011 年 12 月第 1 次印刷
書號	ISBN 978-7-5013-4685-1
定價	1280.00 圓

鍾琦及其兩部隨筆瑣談

——影印《皇朝瑣屑錄》《憑花館瑣筆》前言

南江濤

一、鍾琦其人

鍾琦，字泊農，嘉州（今四川樂山）人。民國《樂山縣志·人物志》小傳記載：『鍾琦，字泊農，祖籍江西，寄籍樂山。琦生而聰穎，喜詞翰，工筆札。應童試不售，學計然術，由是起家。藍、李之亂，奉憲札，總理軍餉運謀籌畫，卒賴敉平，以功保知縣。年八十七卒，自為墓志銘。所撰《憑花館隨筆》、《亦囂囂堂稿》、《皇朝瑣屑錄》、《叢書雜義》俱梓行。』[一]小傳未載明鍾琦生卒年，其《皇朝瑣屑錄》（下簡稱《瑣屑錄》）自序末言：『光緒丁酉夏鍾琦自序於亦囂囂堂時年八十。』[二]光緒丁酉即光緒二十三年（一八九七），以此上推八十年，則鍾琦生於嘉慶二十三年（一八一八）。又據『年八十七卒』，可知其卒於光緒三十年（一九〇四）。

鍾琦長於詞章，得到了時人的認可。時任成綿道的何亮清在《瑣屑錄序》中給予他極高評價：『語言富則文章雜，議論逞則事實失。凡沈雄工麗光怪陸離而句涉新奇意鮮懲勸，有識者弗尚也。若廣蒐博採闡揚幽光潛德，並悉謨烈相承垓埏化洽之典故，有未可以稗官野乘例視者，惟鍾君泊農庶乎近之。泊農天性真摯品高潔，詩文衍暢炳蔚，駱文忠（駱秉章）、丁文誠（丁寶楨）兩公聞其名，奏辦鹺務，以勞績保知縣，加運同銜。』[三]何亮清，貴州貴築人，生於道光八年（一八二八），咸豐十年（一八六〇）進士，歷任成都知縣、嘉定知府、署成綿道[四]。據何亮清序言中稱，二人相交于咸豐十一年（一八六一），到光緒十五年（一八八九）何亮清去世前，一直有來往。

上文《樂山縣志》小傳中提到鍾琦的著作四種，並且說都已刊行，但《亦囂囂堂稿》和《叢書雜義》

不見於他書著録，未知是否尚有傳本在世。下面簡單説一説現在能夠見到的《瑣屑録》和《憑花館瑣筆》（下簡稱《瑣筆》）二種。

二、《瑣屑録》的内容與價值

《瑣屑録》一書傳本稀少，曾先後被收入《近代中國史料叢刊》和《中華野史集成續編》影印出版。孫殿起《販書偶記》卷八《史部·政書類·掌故》著録：『《皇朝瑣屑録》四十四卷，嘉州鍾琦輯，光緒二十三年丁酉孟春刊。』[四] 鍾琦自序云：『共計八十卷……自赭寇雲擾，黄旗氛屯，予襄勞局務，奔走於關山戎馬，其稿倩人分繕，散亡六七。』[三] 由此可見，原稿本為八十卷，因為戰亂，散逸頗多，最後付梓時釐為四十四卷。其中掌故十卷六百七十六則、軼事六卷二百三十四則、學校二卷八十七則、科第二卷六十三則、兵制二卷五十八則、武功二卷三十六則、忠義一卷二十九則、剛直一卷二十則、徵糧附雜賦一卷三十三則、榷税附抽釐一卷二十一則、漕運附屯田一卷十八則、河防附工式一卷二十則、鹽政附茶課一卷四十六則、錢法附礦務一卷二十二則、倉儲附賑濟一卷十八則、國計附籌餉一卷三十三則、法例一卷二十四則、邊陲一卷三十六則、驛站一卷六十九則、風俗一卷四十四則、祥異一卷五十三則、物產一卷一百則、外藩二卷五十八則、異域二卷一百二十三則，總共二十四類一千九百二十一則。這些內容涉及了清朝歷史、社會、文化、經濟、法律、軍事、教育、邊政的方方面面，其來源主要是正史文獻，具有較高的可信度。鍾琦自序說：『惟閱國史、邸鈔、皇朝通志、通考諸書以資消遣。凡治平之道、拊循之方、教養之政、柔遠之術、功烈之昭垂、邊隅之要害、山川道里之險夷、貢賦儲積之盈絀，以及列祖之成憲、睿慮之周詳，醞釀太和涵濡化美者，摘其要採其略而錄之，一二年裒然成集。』[一]除了提要鉤玄、實事求是的摘抄，其間還有鍾琦的考證或評語，反映出作者對待歷史史料的嚴謹和對時務的看法。

編輯這部書的目的，鍾琦在自序中也有說明：『非妄臆傳世，不過俾子孫開其心思、廣其見聞耳。』[二]可見，作者本意是讓子孫閱讀，增廣見聞的。後來『因友朋謬獎，且代雇梓工』[三]，所以得以梓行於世。這當然是鍾琦的謙虛之詞。從涉及內容和後世學者諸多徵引來看，其學術價值頗大，是一部難得的文獻輯評著作。何亮清在序言中評價道：『予讀畢，喟然而歎曰，是誠瑣屑也與哉？入元圃者，所見皆夜光；遊蕊珠者，所遇皆火齊。得是而珍之，了然皇朝治平之源，根本之計，天威震乎遐荒，聖武超乎前代。噫！其文顯，其旨微已……至於《瑣屑錄》以實事求是為主，並無支離渺茫，況其中所評又令人增智益慧發聵振聾，誠匡時之圭臬、濟世之舟航也。雖欲不存，其可得乎！』[二]具體說來，這部書的價值主要體現在以下兩點：

第一，這部書是濃縮了有清一代歷史、文化、經濟等方方面面的小百科全書，方便今人便捷全面地瞭解清代的歷史文化知識。鍾琦是從《清實錄》、《邸鈔》、《皇朝續文獻通考》、《皇朝續通志》等正史類書中零散蕪雜的史料記載中，選擇有益於增廣見聞的重要資料，按照官修史志的大致類別，分別輯錄為二十四類。通過與徵引文獻原文的對照閱讀，我們發現他注意到了材料的全面性、可靠性，力求實事求是；同時又照顧到了文字的簡潔性、可讀性，將一個個零珠碎玉串在一起，毫無支離破碎之感。雖然《清實錄》等官修文獻具有不可替代的史料價值，但是因其部頭碩大、內容繁冗，使非清史專業讀者望而生畏，不得門徑；而這部《瑣屑錄》則堪稱瞭解清代社會生活的絕佳文本。正如鍾琦在《凡例》中所說：『夫騹騮騄駬，天下之駿乘也，而以之捕鼠，則不如狸鼪；璆琳琅玕，世間之珍貝也，而

以之礪刃，則不如砥石。物有長短，惟以適用為貴。』[一]

第二，這部書保存了不少已經消亡的文獻資料，可以補史志之缺，有利於今人深入研究。作者在《凡例》中說：『於未刻傳世者，遂編纂之，以期闡發幽潛。若書肆刷賣為人共見者，遂闕略之，以免災梨禍棗耳！』又說：『驛站、風俗……《通典》《通志》曾經詳記，茲擇其要者異者錄之。』[二]在這樣的編纂思想下，鍾琦在科第、武功、忠義、剛直、驛站、風俗、土產、祥異等卷次中，記載了很多珍貴文獻資料，對相關領域的研究具有非常重要的利用價值。如卷三十八《風俗》：『宣化在北口外，土人生子每針腕臂作字，或花形，塗以靛，蓋恐有離異，可為志也。其意甚古。』又『宣化以每歲季春出郭外萬柳踏青，男女雜坐，席地飲酒，墮珥遺簪，日昳不禁。解裙挂於樹杪曰掛紅，遥望之紅綠飛揚，殊有可觀。又於五月十四至十六日，原為總戎晾甲之期，土人訛為晾腳會，故於此三日，無論貧富婦女，群坐於大門外，日必易著新鞵，其富厚者日凡四五易。遊人指視贊其纖小，則以為榮，此俗尤陋。』[三]前則又見於孫詩樵《余墨偶談節錄》，後則又見於王之春《椒生隨筆》卷一。但是，清黃可潤等纂修乾隆二十二年（一七五七）刻本《宣化府志》、清陳坦纂修乾隆間刻本《宣化縣志》、陳繼增等纂修民國十一年（一九二二）鉛印本《宣化縣新志》和謝恩承纂修民國十二年（一九二三）《宣化縣鄉土志》油印本均未記載這幾條。[二] 又如同卷中記載嘉州婚俗：『嘉州新婦至門多以氈袋藉地，謂之傳代。白香山《娶婦詩》「青衣捧氈褥，錦繡一條斜。」元陶宗儀《輟耕錄》：「今新婦至門，則傳席以入，弗令履地。」此禮自前代已行之。今則易以袋，取語吉爾。』[三] 清文良、陳堯採纂修同治三年（一八六四）刻本《嘉定府志》、民國《嘉定州志》（抄本）、清龔傳黻纂修光緒十三年（一八八七）刻本《樂山縣志》、唐受潘等纂修民國二十三年（一九三四）鉛印本《樂山縣志》均沒有此條記錄。這兩處文字都可以為今人修志和地方文化史的研究提供難得的佐證。

三、關於《憑花館瑣筆》

《瑣筆》現在傳本極少，國家圖書館和四川省圖書館各藏有一部，此外未見其他著錄，且至今未見重印。謝國楨《江浙訪書記》中舉例介紹了其內容和流傳情況：『《憑花館瑣筆》十六卷，清嘉州鍾琦泊農撰。是書為讀書筆記之體，雜以鴉片戰爭、太平天國軍興以來西南各地如川西藍大順、滇南杜文秀等農民起義及回族人民的起義，及清朝政府創設厘金，苛徵暴斂，政治腐朽及外交失敗的情況……書中曾記天南遁叟王韜，因事過滬，與之為友，則此書的著書立說，受其影響可知。他諷刺當時買辦資產階級所謂洋商發財致富者，借明初高青丘（啟）贈某巨公詩：「販鹽多金買名倡，如何得似揚州商」的詩句，來譏笑他們的貪婪的情狀。又贈資州刺史毛隆恩留別詩云：「楊柳綠千行，相見各一鄉；愁生春雨細，恨別暮雲長。失意傾杯酒，雄心拂劍霜；餞筵滋味苦，此日又新嘗。」亦可以見其志矣……如此類書籍，在北京和上海書肆中，偶然可以遇到，可見這部書流傳的絕少。』[五]

國家圖書館所藏《瑣筆》六冊，每半葉九行，行二十二字，小字雙行。扉頁、自序紅印，內文墨印，光緒二十六年三月百花生日（指陰曆二月十二日）刻本。據鍾琦自序可知，此書原有四十卷，遺失過半，性質與《瑣屑錄》相似，『朱墨勾稽，旋得旋錄，不類不次，間附鄙論於後。』[六]細看內容，確實是不類不次，沒有按類分卷，各卷中內容雜糅，一仍筆錄舊貌。細看內容，確實如謝國楨所言，十分豐富，除了上面提到的一些例子，尚有不少有益於補充史志的資料。例如卷十四對於樂山當地數年間的一些祥異現象的記載，要比民國《樂山縣志》所記翔實得多。又如卷十五對峨邊丁長英貞烈事蹟的描述，不見李宗鍠、李仙根纂修民國四年(一九一五)大昌公司鉛印本《峨邊縣志》，可補其缺，其他如犍為李烈女、定遠姜貞女等人的詳細記錄，均不見載於這些地方志，這些都是寶貴的地方史料，值得我們重視。

相信這兩部書的影印，將為清史和四川地方史的研究提供有益的史料。

參考文獻：

[一]唐受潘、黄鎔、王畏巖修纂：《樂山縣志》卷九，民國二十三年(一九三四)成都美利利印刷公司鉛印本。

[二]鍾琦輯：《皇朝瑣屑錄》，清光緒二十三年刻本。

[三]何克勤：《真情綿綿無絕期——記何亮清、何麟書父子與李端棻》，《貴陽文史》二〇一〇年第五期三二—三四頁。

[四]孫殿起著：《販書偶記》，中華書局一九五九年版，一九四頁。

[五]謝國楨著：《江浙訪書記》，三聯書店一九八五年版，第二八七—二八八頁。

[六]鍾琦輯：《憑花館瑣筆》，清光緒二十六年刻本。

總目録

第四冊

第一册目録

皇朝瑣屑録

本宅藏板

光緒貳拾叁年

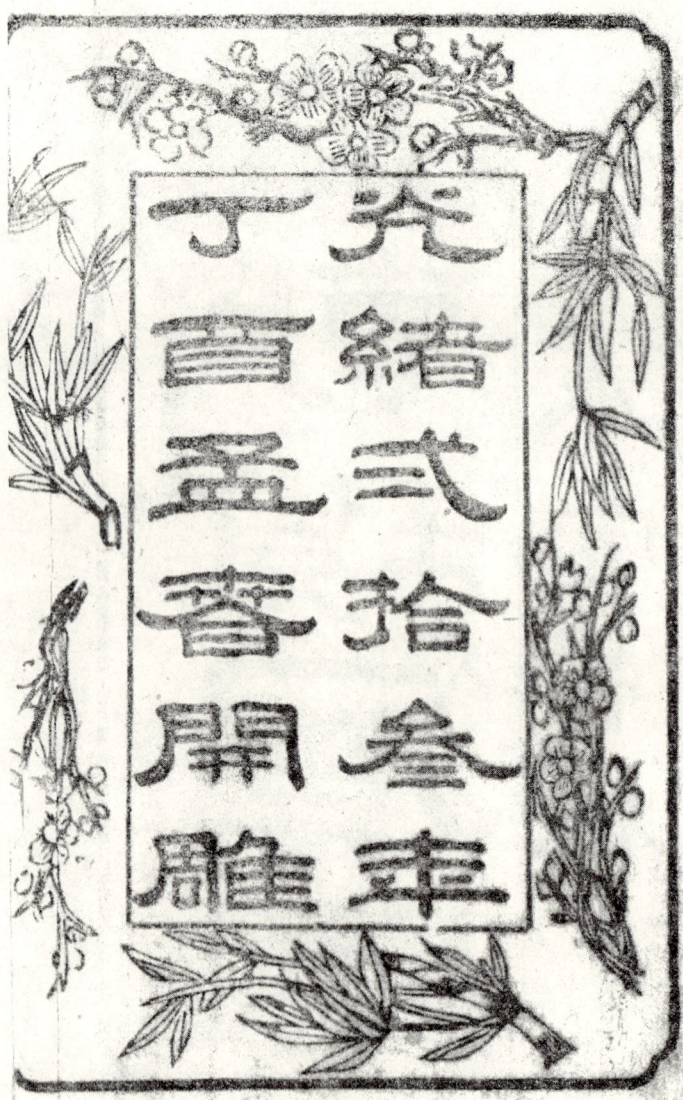

丁酉孟春開雕

予性魯鈍無記誦之學自知不才視名利如竹虛水淡遂於林樾蓊蔥間拓地築齋顏曰吟香書屋日每三餐飫飽半榻跏趺外惟閱國史邸鈔　皇朝通志通考諸書以資消遣凡治平之道拊循之方教養之政柔遠之術　功烈之昭垂邊隅之要害山川道里之險夷貢賦儲積之盈絀以及　列祖之成憲　睿慮之周詳醞釀太和涵濡化美者摘其要採其畧而錄之一二年裒然成集共計八十卷非妄臆傳世不過俾子孫開其心思廣其見聞耳自赭寇雲擾黃旗氛屯予襄勞局務奔走於關山戎馬其槀倩人

分繕散亡六七回憶所擇不精所載不詳所許尤不雅馴欲付秦炬以免抹笑因友朋謬獎且代雇梓工予自乙未以來陰陽舛候稼穡卒痒兼以食指如蠶耗孔類鼠來聲涓滴去勢汪洋安得餘貲以坿剞劂氏而爲此不急之務哉但冉冉老矣恐赤郭當令蒼帝無情倘如廖融雪壓雲穿李續水窮天盡其稾不爲蟲鐫即爲鼠齧也故貸銀發棗聊慰友朋雅望山間明月嶺上白雲秖自怡悅不堪持贈覆瓿糊窗任諸覽者誚者

光緒丁酉夏鍾琦自序於赤囂囂堂時年八十

語言富則文章雜議論逞則事實失凡沈雄工麗光怪陸離而句涉新奇意鮮懲勸有識者弗尚也若廣蒐博採闡揚幽光潛德並悉 謨烈相承垓埏化洽之典故有未可以稗官野乘例視者惟鍾君泊農庶乎近之泊農天性眞摯品高潔詩文衍暢炳蔚駱文忠丁文誠兩公聞其名奏辦醝務以勞績保知縣加運同銜因母老晦迹不仕遂於竹公溪拓地十笏結齋三楹每花晨月夕茶鐺酒盞翛然以自怡憶君自辛酉與予交戊辰予筦嘉定鹽局約君擘箋分韻以爲常迨庚午予攝樂山縣篆君晤予往往遻

巡避去予屏騶從徒步造門者再卒不見然心益重之已
丑君游錦城予留居鷗宿山房私叩近作乃出　皇朝
瑣屑錄以示其間遺失者半僅存者半予讀畢喟然而歎
曰是誠瑣屑也與哉入元圃者所見皆夜光游蕊珠者所
遇皆火齊得是而珍之了然　皇朝治平之源根本之
計　天威振乎遐荒　聖武超乎前代噫其文顯其
旨微已且予竊見近刻於時事則無關痛癢於古人則襲
取皮毛辟如借山鷄之羽何堪舞鏡斷孔雀之尾不足張
屏雖語言富議論逞無當堯羊秖爲遼豕耳至於瑣屑錄

以實事求是爲主並無支離渺茫況其中所評又令人增智益慧發瞶振聾誠匡時之圭臬濟世之舟航也雖欲不存其可得乎因書簡端以質之閱者當不啞予阿其所好云

誥授資政大夫　賜進士出身前翰林院庶吉士

賞戴花翎丁卯癸酉鄉試同考官四川補用道權保甯府事如弟何亮清頓首拜序

凡例十二則

一是編多列　上諭者誠以諸書互異必折衷於
聖言庶幾有所徵信而垂典則

一遇應雙擡三擡者曾經案照空格無如手民往往謬誤
閱者諒之

一奏疏有未經　俞允者但已發邸鈔例無禁忌故編
纂之至於非關　朝章國故槩不登錄

一是編有簡册流傳世所共見者故未列其書名若近人
所述凡書名備錄於後以示不敢掠美也

一是編昔請張丹崖師及友人何小山詳訂會經分門別類但事隔卅年稿凡三易其間前後不免淆混自思無關大要悉因之

一手民往往舛錯特請陽輔卿中舍校正幸免魯魚亥豕之訛不然一誤再誤則躋鵾弄麞貽笑不淺

一先正諸書所載　皇朝牘事零文凡荒誕博會者概勿錄庶於旁搜博採中仍寓雜而不越之義云

一掌故軼事學校兵制及法例邊陲外藩異域前人各有專書何必採錄是編以貽續貂疥駱之譏夫騈騮騄駬

天下之駿乘也而以之捕鼠則不如貍鼪珍琳琅玕世間之珍貝也而以之礪刃則不如砥石物有長短惟以適用爲貴予因子孫怠惰不甚檢閲專書故纂是編以示之或偶抒鄙論或略加評語俾其用資孳數以廣見聞至所關國計軍儲亦因以附載焉

一科第武功及忠義剛直者文人爲傳爲記爲詩但有異有同有純有駁有舛誤有夸誕而明哲者弗尚焉今案實錄奏議中分别考證總以實事求是於未刻傳世者遂編纂之以期闡發幽潛若書肆刷賣爲人共見者遂

闕略之以免災梨禍棗耳

一驛站風俗土產祥異通典通志曾經詳記茲擇其要者異者錄之以見　德洋恩溥道隆化美之盛云

一原書八十卷因倩人分繕散亡五六僅存三四予年八十不能補綴排類卽以殘稿附梓

一附梓後適逢錢價翔貴故將卷帙刪減二三以免摒擋焦勞俟蓄餘貲再彙而刻之

皇朝瑣屑錄目錄

皇朝瑣屑錄卷一

嘉州 鍾琦 泊農

掌故四十四則

國朝出震乘乾肇基草昧天聰已前鈞衡帷幄悉任懿親異姓儒臣但令給事文館天聰十年始改文館爲內三院曰內國史院曰內祕書院曰內宏文院均設大學士一人各有職業（內國史院掌記注詔令撰擬表章內祕書院掌撰外國往來書狀及敕諭祭文之屬內宏文院掌註釋歷代行事善惡勸講御前並教皇子諸王）順治二年三院內字下各加翰林二字蓋初以翰林官分隸定爲

正二品衙門也見　皇朝通典十五年改內三院爲內閣其大學士俱加殿閣銜十八年仍改從舊制康熙九年復改爲內閣然自　世祖入關定鼎卽議滿漢大學士六員遼瀋舊人勝朝遺耇比肩疊踵同掌絲綸所謂恢廓大度立賢無方者非與厥後康熙朝率用大學士四員雍正間多至六員復增置協辦大學士二員乾隆十三年始定制滿漢大學士各二員遇歲時　慶節朝會侍班漢大學士位在滿大學士下自合肥伯相繫　文華殿銜定例大學士補授後請　旨兼　殿閣及六部尚書銜　殿閣名凡六日　中

和殿保和殿文華殿武英殿文淵閣東閣蓋舊制殿四閣二乾隆十三年省中和殿銜增體仁閣銜而寶相國盜班列轉居其右寶時繫武英殿銜朝廷倚毗

使相優禮勛臣員高出唐宋萬萬按唐自肅宗後中書令多以功臣居之如郭子儀僕固懷恩朱泚李晟韓宏輩皆大較繫銜而下書使字見洪容齋隨筆宋制參政專位在宰相後自寇萊公參知政事乃與宰相輪日知印正衙押班其尊位遂與中書門下一班奏敕齊列銜街衞並馬見江少虞宋朝事實類苑聞者忭舞受者當若何戰兢耶

上書房設於雍正朝凡諸皇子暨近支王公及歲讀書必

特簡翰林官使授讀耆儒教胄龍種傳經古元子

入學遺法也世稱　上齋曰三天蓋由從前　列聖

每歲駐蹕澄懷園諸王公卽讀書園廬其地爲　殿三層皆有　世宗皇帝　御書匾額前曰前垂天貺（按一作先天不違）謂之前天中曰中天景物（按一作中天立極）謂之中天後曰後天不老謂之後天統謂之三天自淀園被毀昔日天潢授簡之區鄒枚橐筆之舍瑤瓦芝楣鞠爲茂草近者詞臣入直大內詢以三天之舊稱蓋幾幾乎不知緣始矣見陳康祺郎潛紀聞

國朝　肇祖　興祖　景祖　顯祖

陵曰永陵各　后合葬在興京起運山距盛京二

百四十里　高皇帝陵曰福陵　高皇后合
葬在奉天府之承德縣天柱山距盛京二十里
文皇帝陵曰昭陵　孝端文皇后合葬在承德縣
隆業山距盛京十里　孝莊文皇后陵曰昭西在
順天府之遵化州昌瑞山之南　章皇帝陵曰孝
陵　章皇后合葬　孝獻皇后祔葬在昌瑞
山距京師二百四十里　孝惠章皇后陵曰孝東
在昌瑞山之東　仁皇帝陵曰景陵　孝誠
仁皇后合葬　孝昭　孝懿　孝恭三

皇后祔葬　敬敏皇貴妃從葬在昌瑞山孝東陵之
東　憲皇帝陵曰泰陵　憲皇后合葬
敦肅皇貴妃從葬在易州永甯山距京師二百八十里
　孝賢純皇后陵寢在昌瑞山孝陵之西國有大
慶則告　孝陵　景陵　泰陵見大清會典
國朝　皇太后金寶盤龍紐　皇后金寶交龍紐
　皇貴妃金寶蹲龍紐　妃金印龜紐均清篆左漢
篆右篆用玉筯文親王世子金寶龜紐郡王金飾銀印
麒麟紐均芝英篆朝鮮國王金印龜紐芝英篆安南琉

球暹羅三國王金飾銀印均駝紐尚方大篆內外文員一二品並衍聖公銀印尚方大篆內三品順天奉天二府以上外承宣布政使司銀印尚方小篆均直紐內外武員一二品銀印均柳葉篆虎紐掌古北薩克盟長銀印右鐫清文左鐫蒙古文虎紐若用銅印關防鈐記內文員三品詹事府以下外學政按察使司尚方小篆內四五品外三四品鍾鼎篆內六品外五品以下垂露篆內外武員三四品殳篆四五品以下懸鍼篆均直紐定例請用　御寶先期知會內務府轉行宮殿監至期

內閣學士率典籍官赴　乾清門驗用如遇　行幸
駐蹕以內務府總管監視之　交泰殿貯　御寶二
十有五白玉盤龍紐二碧玉盤龍紐一青玉交龍紐七
墨玉交龍紐三白玉交龍紐四碧玉蹲龍紐二碧玉交
龍紐三青玉盤龍紐一黃金交龍紐一梅檀香木盤龍
紐一又盛京尊藏　御寶十碧玉蹲龍紐一青玉交
龍紐三碧玉盤龍交龍各一金交龍紐三梅檀香木素
紐一
國朝凡畿輔　行宮京東七處京西四處京北六處口外

十有三處各設官弁分隸湯泉盤山黃新莊熱河各總
管所轄
國朝釋奠　傳心殿之禮爲殿於　禁城內　文華殿之
東每歲春秋仲月　皇帝御經筵先遣官祗告　傳
心殿　伏羲氏　神農氏　軒轅氏均稱皇師
陶唐氏稱皇帝　有虞氏稱帝師　夏禹王
商湯王　周文王　周武王均稱王師皆正
位南嚮　周公稱先聖東位西嚮　孔子稱先師
西位東嚮恭遇　皇帝親詣行禮御袞服率官由景

令丞魏有家令僕丞行夜督郵晉有家令丞宋齊梁有傅令隋有家令丞主簿謁者唐有邑令丞主簿錄事宋有邑令丞司錄明有家令司丞錄事又改家令爲中使司國朝固倫公主府設長史一人三品頭等護衛一人二三等護衛各二人典儀二人六品和碩公主府設長史一人四品二等護衛二人三等護衛一人典儀六七品各一人

國朝 皇女 中宮出者封固倫公主由 妃嬪出者封和碩公主如 中宮撫宗室女下嫁亦封和碩公

主親王女封郡主側福晉女封郡君郡王女封縣主側福晉女封縣君貝勒女封郡君側室女封鄉君貝子女封縣君側室女授以五品入八分鎮國公輔國公女封鄉君側室女授以六品餘並稱宗女不封授

定例諸王以一字爲謚貝勒以下及大臣以二字爲謚

國朝和碩親王世子封多羅郡王長子封多羅貝勒次封固山貝子按貝勒古無此官惟金史有安班貝勒固倫貝勒而無貝子但安班固倫兩貝勒下有呼嚕貝勒即國朝固山貝子是也

國朝親王適子曰世子仍襲親王餘子封不入八分公按天命間八和碩貝勒共議國政各置官屬凡朝會燕饗皆異其禮　錫賚必均及是爲八分天聰以後宗室內有特恩封公及親王餘子授封公者皆不入八分其有功至貝子始準入八分

國朝太廟前殿東廡配饗通達郡王雅爾哈齊（案通達郡王顯祖子）武功郡王禮克巴圖魯（案此巴圖魯三字卽其名非勇號也又案會典有武功郡王福晉）慧哲郡王額爾袞（案會典有慧哲郡王福晉）宣獻郡王界堪（案武功慧哲宣獻三王皆景祖子又案會典有宣獻郡王福晉）禮烈親王代善睿忠親王多

爾袞鄭獻親王濟爾哈朗豫通親王多鐸肅武親王豪格克勤郡王岳托（皆太祖子）怡賢親王允祥（聖祖子）西廡配饗英誠武勳王揚古利信勇直義公費英東宏毅公額亦都忠義公圖爾格昭勳公圖頼（案昭勳即直義子忠義即宏毅子父子配侑尤爲極榮）文襄公圖海文端公鄂爾泰蒙古超勇襄親王策凌文和公張廷玉文襄公兆惠文忠公傅恆文襄公福康安（案福文襄即傅文忠子）文成公阿桂科爾沁忠親王僧格林沁凡二十五人漢大臣止張文和一人眞眞曠典也

巴圖魯譯言好漢與元史所稱拔都拔突霸都魯等類字

異義同我　朝開國時禮親王代善首膺古英巴圖魯
賜號蓋其時　太祖征烏拉進攻屯寨代善最爲
奮勇案代善爲　太祖高皇帝第二子可見當時
重視勇號親藩儲貳之貴尙必從事邊陲武功懋著始
得此三字

康熙間福建提督施琅平定臺灣功第一　詔封靖海
侯世襲罔替琅疏辭侯爵懇照前此在內大臣之列
賜戴花翎部臣議在外將軍提督無給翎例　聖
祖特旨賜戴以開疆海外削平僭僞之元勛　賞翎

弗乃以澤延後世巍巍五等之崇封願易一翎而格於
廷議當時之重花翎如此
京師賢良祠自國初至乾隆二十年所祀名臣前殿中設
和碩怡賢親王神位左設和碩超勇襄親王神位均南
嚮後祠設天聰名臣榜式達海崇德名臣范文程褚庫
巴圖魯順治名臣甯完我額色黑愛星阿哈世屯璺勒
根轄李國翰孟喬芳李國英康熙名臣圖海魏裔介王
熙李之芳阿蘭泰伊桑阿張玉書吴琠馬齊張英李光
地福善費揚古米思翰姚文然魏象樞湯斌顧八代馬

爾漢勵杜訥趙申喬徐潮徐元夢陳璸靳輔根特賴塔馮國相施琅張勇孫思克王進寶莽依圖佛尼勒趙良棟傅臘塔于成龍雍正名臣富甯安朱軾張鵬翮田從典高其位尹德阿爾納楊名時楊宗仁齊蘇勒李衛乾隆名臣傳清拉布敦那蘇圖陳大受喀爾吉善徐士林潘思榘神位均南嚮

國朝武功之賞至雍正乾隆而始重太祖太宗時斬將搴旗如費英東僅授三等子額亦都授一等子何和哩授三等子穆克譚授二等男及殁於陣贈一等男經略洪

承疇克平五省凱旋僅予世襲三等輕車都尉趙良棟
王進寶恢復川陝廓清滇黔生前亦僅封子爵至乾隆
四十年始晉伯爵且漢人封五等無世襲例至乾隆三
十二年始概予世襲罔替蓋承平久則人習宴安非此
不足以振勵戎行也
國初以八旗將士平定海內鑲黃正黃正白三旗皆
天子所自將爰選其子弟隨侍宿衛設領侍衛內大臣
三旗各二人內大臣六人散秩大臣無定員除漢侍衛
外統三旗侍衛六百六十人每十人各設什長一人視

古虎賁旅賁職綦重焉內選功臣後裔六十人曰豹尾班侍衛曰以二十人直乾清門凡　乘輿出入有前引大臣其次領侍衛內大臣暨後扈大臣率十人執豹尾槍十人佩刀殿於後

八旗氏族載在册籍者曰正戶僮僕而本主聽出戶者曰開戶又每旗設都統一副都統二掌宣布教養而兵寓其中所屬參領五副參領五掌頒都統之政令以達於佐領佐領所治以三百人爲率人戶滋生則增設佐領查乾隆十八年滿洲佐領共六百七十九人蒙古佐領

共二百二十一人漢軍佐領共二百六十六人
國初設八旗以一旗爲一省一叅領爲一府一佐領爲一
縣每佐領所轄數十家每家約計數口以至數十口人
丁不等因有人丁而無耕土是以一馬甲每月給銀三
兩護軍每月給銀四兩每年皆給米四十八斛核其數
則數口之家可以充足矣且於京城內外按旗分給房
屋又於近京五百里內撥給地畝良法美意何以加茲
但二百五十年以來生齒日繁當日所給之地畝是量
彼時人數而賞給者以彼時所給之地畝養現今之人

丁是一分之產而養數倍之人矣乾隆間多方籌畫加設馬甲護軍領催餉需每年不下數百萬在　國家恩養八旗至優且渥然日愈久而人愈增人愈增而賞愈多擴而充之即有郭家金穴鄧家銅山亦不能接濟惟開邊外屯田使其有恒產恒業尚屬長恃資生之策也

軍興以來漢臣得大學士者多以疆臣受鉞獮薙醜類層疊勞勩遂膺爰立若曾文正駱文忠左文襄雖未內召而豐功茂伐彪炳琅書儻入贊綸扉其相業必有可述滿臣若官文忠者不必有赫赫之功而推賢任能度量

越衆然亦仕京朝之日少居閫外之日多至於倭文端之守正不阿文文忠之匪躬盡瘁方之姚宋忠唐范韓翊宋殆無愿焉咸同二朝名宰相彬彬盛矣合肥伯相值師旅倥傯亦果毅堅貞克紹曾門衣鉢揚旆討捻廓清氛沴自近年坐鎮畿輔 眡倚愈專時艱愈棘中外瞻仰愈切而責備亦復愈叢倘其拊衷循省兢業滋深以期勉副 高厚於萬一哉

定例文武官更改姓名五品以上者彙題六品以下者註册

滿洲氏族以八大家爲最貴曰瓜爾佳氏直義公費英東之後曰鈕祜祿氏宏毅公額亦都之後曰舒穆祿氏武勳王揚古利之後曰納喇氏葉赫貝勒錦台什之後曰棟鄂氏溫順公何和哩之後曰馬佳氏文襄公圖海之後曰伊爾根覺羅氏敏莊公安費古之後曰輝發氏文清公阿蘭泰之後凡尚主選婚以及賞賜皆以八族爲最云

古者太廟藏神主而祭以四時寢廟藏衣冠而祭以新物月令先薦寢廟是也　國朝倣明制太廟外設奉先殿

於大內卽古之寢廟

孝莊文皇后不豫　聖祖躬禱　郊廟有願減臣齡以延慈壽語又步詣　天壇祈禱涕泗交頤陪祀諸臣不敢仰視

澄懷園語云　世宗憲皇帝時廷玉日直　內廷上進膳嘗承　命侍食見　上於飯顆餅屑未嘗棄置纖毫每燕見臣工必以珍惜五穀暴殄天物爲戒又嘗　語廷玉曰朕在藩邸時與人同行從不以足履其頭影亦從不踐踏蟲蟻　聖人之恭儉仁

慈謹小愼微如是
本朝定例各部滿尚書在漢尚書之前大學士管部者雖
漢人亦列滿尚書之前若滿漢皆以大學士管部則仍
滿先漢後雍正六年公富爾丹管部務張文和公方兼
吏戶部遜讓再四　上命文和居前又朝會班次
大學士例在領侍衛內大臣下　上亦特命公列
王之下公侯領侍衛內大臣之上
員外古無此官在唐時本爲冗員明太祖於六部郎中下
各設員外　國朝因之共計滿漢員外郎一百七十

七缺宗室員外郎八缺得京察者可外放知府其次亦可放直隸知州案舊唐書李嶠居選部時欲樹黨以固祿位多引用權勢子弟請增置員外一千餘員其員外官多恃勢與正官爭事百司紛競至有相毆擊者權勢子弟大率類此迨乎元宗猶不能盡罷革肅宗乾元二年詔員外官曾任州縣有才識幹濟者亦聽量留上州不得過五人國朝捐納人員分府聽差者是其遺意其餘任其所適據此則是副於郎中而取名於員外何明初於定官制之時未考其源流而列入正途矣

中外大臣遺疏多子孫賓客為之卽力疾手定彌留口占者亦敘述恩遇泛論治體者居多獨朱文端公軾疏云萬事根本君心而用人理財尤宜鄭重君子小人公私邪正判於幾微在審察其心跡而進退之至若國家經費本自有餘異日儻有言利之臣倡為加賦之議者伏

祈聖仁乾斷永斥浮言實四海蒼生之福云云忠君愛

國之忱至死惓惓可謂大臣矣

胡文忠薦舉賢才疏有云某某均未識面亦無文字往來訪聞既確據實附陳以備　聖明採擇夫用人行政

朝廷自有其權舉爾所知芻蕘不嫌下問臣力疾從軍不敢自逸惟恐先犬馬塡溝壑若目覩時局艱危避忌模稜知而不言負　恩實大云云近日封疆尊閫大半皆出公門曾侯相謂爲薦賢滿天下良不誣也昔東坡與友人書薦黃魯直秦少游後二君得以成家名傳後世東坡之力也予謂今之胡文忠與昔之蘇文忠豈曰古今人不相及哉

同治庚午三月曾侯相出任直督保舉十員疏語有云不過表其政績並不稍乞　恩施古來循良之吏或有

璽書褒異非必歲歲遷官人人進秩也近世各省保舉
浮濫習見不珍該員等雖無奬拔之實而循聲達於
聖聽即光寵逾於華袞等語人謂為保舉破格近見
沈幼丹制軍薦舉賢才十二員疏有兩江急切需才舉
其姓名而不敢遽求　恩澤之語先後同揆若合符
節
同治三年七月　上諭吳廷棟奏金陵告捷尤宜益加
敬慎一摺剴切敷陳深得杜漸防微意案吳廷棟摺內
所言從古功成志遂喜心一生而驕心已伏宦寺乘此

喜而貢其諂媚左右因此喜而肆其蒙蔽容悅之臣屏逐之奸由此喜而工其諛佞遂其貪緣戒懼之心一喜敗之侈肆之行一喜開之等語又御史張緒楷疏內所言秦隴未息烽烟滇黔尚須征討邊警方殷河工又起所有移師轉餉捍患救災與夫招徠撫綏一切善後各事宜其有待於經營籌畫上廑　聖慮者曷其有極

伏願我　皇上保泰持盈燭微鑒遠已治而猶若未治已安而猶若未安憶鋒鏑之慘傷生靈荼毒則怵然矜念瘡痍之未復觸目顛連則惻然憫慮府藏之空虛

練軍籌餉度支已竭益殷然於惜物產而除浮費思閭
閻之彫敝抽釐勸捐取給無遺愈懔然於節財用而崇
質樸一人篤於上百爾承流於下宰臣則益勤襄贊不
以世治而稍懈藎忱疆臣則益矢靖共不以功成而或
矜武略樞臣則綜理愈勞不敢以時已恬熙而廢弛漸
起諫臣則箴規愈進不敢以意安承順而緘默爲高並
且
飭下大學士倭仁等盡心啟沃及時講學勿泥
章句勿事佔嗶綜其大而略其細遺其粗而擷其精舉
凡古帝王親賢遠佞去奢崇儉載在册中與有切於時

勢而為當務之急者日講明而切究之庶盛衰之故治亂之由得失之機瞭於指掌聿見 聖德日親
聖功日懋以迄於億萬年有道之長云云二疏崇論閎議以兢惕敷陳從燭微鑒遠起見可與程伊川之上殿劄子朱晦菴之上甯宗書而相表裏矣

同治八年五月二十七日奉 上諭左宗棠奏遴員署理府州縣各缺請勿拘成例一摺甘肅慶陽一帶地方甫經收復辦理賑墾撫輯事宜均關緊要該督遴才委任自係為地擇人嗣後陝甘兩省委署實缺著該督撫

斟酌情形變通辦理等因近日入官遂者於善地則趨之若騖於窘鄉則畏之若鴆　朝廷爲政在人蓋有不獲已之苦衷焉

道光癸巳林文忠撫蘇時以水灾疏請緩徵中有語云晝見陰霾之象自省愆尤宵聞風雨之聲難安枕簟又云惟求　恩出自天多寛一分追呼卽多培一分元氣言之沈痛

戴文節公畫名高天下咸豐初直　南書房　上命其講授畫法文節面奏曰方今四方多事　上正宜

究心治平之道繪事末技不足學也時論稱其得體

吳江陸朗夫中丞燿外任時母已年高　上稔知之初選大理府爲改登州升西甯道復改調運河所改地方俱近本籍及爲方伯母夫人以痰疾顛狂益甚必中丞侍側少息叫號乃上疏陳情即蒙　温綸垂允　純皇帝之推恩錫類體恤臣工史書未有也

雍正四年六月　上諭大臣薦舉多者不過二三十人爾等一人精神足以貫注之平時訪察其行爲勸勉其廉謹儻居官不善即行參奏如此則該輩有所忌憚爭

自濯磨等因欽此仰見　憲皇帝旁求慎簡澄敘官方至意按漢唐以來君子愼用小人者甚多況値師旅倥傯之際薦舉尤宜審愼奈近時營員不分彰癉無警則殫耗餉糈以奉浮冗之衆臨敵則投棄壁壘以搖遠近之心所報勝仗半屬以敗爲功所陳勞績半屬以無爲有是朝廷激揚之典爲該輩漸開情面賄賂之門矣

元明之世育嬰堂尚未通行自　國家忠厚開基發粟賑饑歲不絕書孤獨鰥寡各得其所　世祖皇帝講

筵觸發特嚴溺女之禁海內始知育嬰爲善舉然在官
尚無常餼也仰維　孝莊皇太后首頒祿米滿漢
諸臣以次輸助不數年由京師以達郡縣育嬰之堂徧
天下矣按周禮大司徒以保息六養萬民一曰慈幼鄭
康成注與之母與之餼王制幼而無父者有常餼月令
仲冬養幼少存諸孤三代以上必無棄嬰之舉可知也
厥後唐元和間詔嬰兒無親屬及有子不能養者稟給
之宋淳祐間詔給官田五百畝剏設慈幼局法猶近古
然後世疆域日廣生齒日繁饑饉流離委棄載道朝廷

發帑活人勢難徧給盡若我　聖朝誠求保赤大德日生淑自　宮闈傳諸陬澨及人之幼因民所利休養生息尤爲可大可久之規模也光緒十六年二月上諭嚴飭直省各州縣就地籌欵慎設育嬰局

康熙間三逆削平　詔以詞臣曹禾請封禪疏付廷議時張文貞相國秉筆逕請停止蕭山任陶鄉方官六科亦上言封禪僅見司馬相如書不足慕效又云巡狩載虞典古諸侯各君其國天子巡所守以協同議禮制度今天下一家巡狩之禮亦可不舉

嘉慶甲戌楊忠武入京　陛見　上問從前三省軍務秦楚蜀何以延至十數年之久現在兩次軍務河南教匪陝西饑民之亂何以蕆事之速公對以有專責則事易集　上首肯者再王清泉廉訪謂公武人也而一言能發修齊治平之蘊良然又道光庚寅入覲　宣廟一日　上忽問曰汝公事之暇尚看書乎對曰臣不識字前有某御史參公目不識丁又問曰然則飲酒乎對曰臣不飲酒　上曰汝將何以自遣對曰聽打鼓說書　上曰聽說書固好知公事何對曰錢穀責之藩司刑名責之臬司兵政

責之提鎮臣總其成而已　上大悅曰眞總督也見
張玉田先生消夏偶筆
楊忠武公勤勞錄公名遇春號時齋屢以戰功擢提督封
一等男嘉慶己卯八月　陛見　上視公長髯稱美
者再道光初　上以先朝勳舊　恩眷尤隆命總督
陝甘迨回疆平公得畫像　紫光閣　御書贊云少
年從征進不知退拍馬橫矛善穿賊隊參贊戎機克城
賊潰畀以封疆無慚簡在公督陝甘凡八載務持大綱
而不涉煩瑣恪守成憲而不議更張屢　旨褒爲股

肱心膂之臣並　賜有三朝疆場宣勤久兩世封圻積
慶多對聯乙未以老病乞休令來京　陛見卽晉一等
昭勇侯　御書詩扇以　賜云元勳入覲允歸榮功
立才全際太平宣力三朝邀寵賜抒忠百戰播威名宦
兼文武眞難遘志篤廉明永不更晉爵酬庸延後世林
泉頤養語長生丙申冬蒙　賞人蔘十兩令川督鄂山
賫給謝摺內誼直視如手足腹心何旁　硃批誠然
誠然丁酉二月公薨年七十八　晉太子太傅兵部尚
書謚忠武　御製祭文有云憶蒼髯之矍鑠音容猶

在目前報黃髮以馨香眷念彌增身後公兼功名福壽所謂古之郭汾陽今之楊昭勇也

定例宿衛之臣滿洲輒除　乾清門侍衛其貴戚或有異材乃擢　御前侍衛漢籍輒除大門上侍衛領侍衛內大臣轄之其有異材擢　乾清門而班之崇極矣惟嘉慶間果勇侯楊芳特授國什哈轄漢軍國什哈內大臣驚爲未有

皇朝瑣屑錄卷一終

皇朝瑣屑錄卷二

嘉州　鍾　琦　泊農

掌故五十八則

定例　皇太后　皇后　妃　嬪出入以內務府總管或散秩大臣一人司官八人護軍統領一人護軍參領四人護軍校十人率豹尾班執槍者十人佩儀刀者十人翊衛護軍二百人導引扈從

乾隆朝大臣入軍機者亦曰軍機處行走今則章京曰軍機處行走大臣曰軍機大臣上行走其初入者加學習

二字傅文忠公恒乾隆八年由戶部侍郎預政府當時
詔旨尚曰軍機處行走也又乾隆已前別有議政
處行走文忠於十二年擢戶部尚書議政處行走嘉慶
十六年盧文肅公蔭溥時爲光祿寺少卿　特旨令
在軍機大臣上學習行走以五品卿超拜大樞前此未
有也

錢塘沈端恪公近思康熙朝通籍官河南臨潁知縣膺卓
薦遷廣西同知旋以病歸經浙江巡撫奏乞破格擢用
雍正元年　特用吏部文選司郎中　恩加二級又

復 賜第一區帑金四百兩二年即擢吏部右侍郎
賜詩有操比寒潭潔心同皎月明之句以在籍紳士
而被巡撫之薦以告病同知而特用京員以五品司官
而賜第賜帑以本部郎中一年而即擢堂官皆自來未
有之曠典夫公之清廉忠謹固足當之而我 世宗
任賢勿貳破格甄勸若此想一時百寮仰望莫不感泣
奮興矣今循例遷除且似河清之難俟因循泄沓弊實
由茲經國者盍思變計乎
同治九年四月宋侍御邦僡敬陳管見一摺中有云有一

種長隨名爲帶肚家人當本官未經得缺之先常代借銀兩並言明得缺後即派充門丁需費人員往往嗜其小利一經任用則蒙蔽招搖無所不至本官受其挾制平民被其訛索實堪痛恨等語近日官場補屋牽蘿析薪炊桂求帶肚而不得者多矣遑云嚴禁耶

國朝建威將軍正一品即東漢時驃騎將軍也景丹拜驃騎大將軍事後即罷東平王蒼爲驃騎位在三公上楊賜五登袞職歿後方贈驃騎將軍蓋被時權最重

國朝建威將軍惟出征勦賊節制提鎮若平常武官請

封典雖贈建威將軍亦有名無實也

國朝凡　朝會　御殿　郊天　祀廟　耕
耤　視學　謁陵　校獵　大閱　出師
受俘　駐蹕南苑　巡狩方岳皆有起居注
官扈從敬聆　綸音退而謹書之具年月日及當直
人員姓名於籍每月成帙封鐍於匱歲以十二月具疏
送內閣收藏

嚴少司馬曾榘侍郎沆子父子俱有聲臺垣康熙十一年
少司馬嘗奏請嚴飭督撫凡保舉貢監吏員異途出身

人請詳列居官政績聽部察議庶庸流不致冒濫余謂此法宜行之今日尤爲切要

熙朝新語歷代帝后圖像向貯內庫乾隆十四年命工重加裝潢移藏於南薰殿自太昊伏羲而下爲軸者六十八爲册者七爲卷者三先聖先賢圖册五詳定位置次第甲乙歲以盛夏曝而庋之扃鑰惟謹又明帝諸玉册向貯工部外庫今祔藏殿之西室仰見我 國家優禮先朝如此

國朝歷代帝王廟在皇城西殿曰景德崇聖內設七室中

一室奉三皇東一室奉五帝西一室奉夏十四王太康相桀不與商二十一王武乙紂不與東二室奉周三十二王自武王始惟厲幽赧王不與西二室奉漢二十一帝平帝孺子嬰質帝獻帝後主不與唐十五帝中宗憲宗昭宗昭宣帝不與東三室奉遼六帝世宗穆宗天祚不與金五帝熙宗海陵哀宗末宗不與宋十四帝徽宗欽宗德祐帝昺不與西三室奉元十一帝英宗明宗順帝不與明十三帝神宗光宗熹宗不與位俱南向凡異代同室者隔别之兩廡各以其名臣配饗圍垣周一百八十六丈三尺八寸凡殿廡均覆綠琉璃門楹塗丹粱棟繪采會典清明霜降祭歷代帝王廟

行門入　傳心殿行二跪六拜禮
國朝　天潢宗派以　顯祖宣皇帝本支爲宗室伯叔兄弟之支爲覺羅宗室束金黃帶覺羅束紅帶宗室生子女載入黃册覺羅生子女載入紅册宗室以罪黜爲庶人者束紅帶覺羅以罪黜爲庶人者束紫帶

國朝王府各官縉紳未具載親王府世子郡王府長子各設長史一人正三品貝勒設司儀長一人正四品至於護衛親王府二十人世子十七人郡王府十五人長子十二人貝勒十八人貝子六人公四人護衛分三等一等

從三品二等從四品三等從五品典儀親王府六人世子五人郡王府四人長子貝勒貝子公各三人從四品至從八品不等府屬五旗叅領每旗五人從三品佐領每旗七人從四品驍騎尉每佐領下二人從六品管領親王府四人郡王府三人正六品典膳親王府郡王府各一人從六品司庫親王府郡王府各二人從七品司匠親王府郡王府各四人從八品牧長親王府四人郡王府三人從八品

公主府官屬周秦無考其見於史傳者漢有傅長食官家

國朝歷代帝王廟兩廡各以其名臣配饗東廡風后倉頡夔伯夷伊尹傅說召公奭畢公高召穆公虎仲山甫張良曹參周勃魏相鄧禹耿弇諸葛亮房元齡李靖宋璟郭子儀許遠李晟裴度曹彬李沆王曾富弼文彥博李綱韓世忠文天祥黏沒忽木華黎博爾朮徐達常遇春楊士奇于謙劉大夏位均西饗西廡力牧皐陶龍伯益仲虺周公旦太公望呂侯方叔尹吉甫蕭何陳平劉章丙吉馮異馬援趙雲杜如晦狄仁傑姚崇張巡李泌陸贄耶律曷魯呂蒙正寇準范仲淹韓琦司馬光趙鼎岳

飛斛羅幹里不伯顏脫脫劉基李文忠楊榮李賢位均
東嚮歲以春秋仲月諏日遣官致祭
國朝凡德音下逮宣示百官曰制布告天下曰詔昭垂訓
行曰誥申明職守曰勅中外封章上達慶賀　皇帝
皇太后曰表　皇后曰箋陳事曰疏
西藏達賴進表稱曼殊師利大皇帝蓋曼殊音同滿殊即
滿洲轉音也
太祖高皇帝嘗攻翁鄂洛其臣有鄂爾果尼洛科者火中
突出射　高皇帝中之一矢貫胄一矢穿鎖子甲

護項拔之鏃卷如鈎血肉并落已而破其城獲此兩人咸不殺而官之用以勸爲人臣者按我 朝開國之初滿洲風尚士不死綏引爲大恥迄今幾三百年而髮捻回匪之變蟲沙猨鶴忠義如林於戲風氣所開豈一朝一夕之故與

聖祖仁皇帝八齡踐阼之初 太皇太后問 帝何欲 帝對臣無他欲惟願天下治安民生樂業共享太平之福而已康熙四十九年蠲租 諭旨猶述及之仰見 至人天亶 聖功蒙養之始已屋不

獲予辜之隱矣

高宗天資閎遠幾餘覽古篤嗜過於儒素乾隆間　詔建

七閣用天一閣之式　內廷齋額采知不足之名

聖量謙沖崇奬風雅至已而范鮑兩家榮荷　賜

書疊遝　天藻稽古之契千載一時

乾隆朝　詔繪功臣像凡三次四十一年平金川五十

功臣五十三年平臺灣三十　功臣五十八年平廓爾喀

十五功臣皆蒙　高宗親灑宸翰立贊褒美　本朝

武功之盛　純廟酬庸之渥前千古而後萬年莫與

比隆已惟幅員既廣輯柔爲難世之鎭邊庭受疆寄者能不忘當日披荆闢土之勤勞庶同我太平永永無極彼漢棄珠崖明還交趾傳之史策固不能不咎當國之非人也

道光癸未八月七日宣宗幸萬壽山玉瀾堂錫宴十五老臣踵乾隆五十年正月六日千叟宴故事賡歌圖繪其時與宴諸臣以和碩儀親王爲首若御前大臣賽沖阿大學士託津大學士軍機大臣曹振鏞大學士戴均元大學士兩江總督孫玉庭戶部尚書軍機大臣黃

鉞禮部尚書穆克登額工部尚書初彭齡理藩院尚書富俊左都御史松筠郡王銜都統哈廸爾都統阿那保致仕大學士伯麟致仕都統穆克登布皆先 朝耆碩年踰古稀黃髮番番躬逢嘉會視彼香山洛社不過鄉里典型麟閣雲臺未必功名終始雲龍魚水夫豈偶然

成廟嘗賦七言古詩紀事見 御製詩初集

自堯舜夏商周以後歷代正統帝王御宇以漢武帝爲最在位五十四年惟我朝 聖祖六十一年 高宗六十年聖祚之恆非漢武所能及且殷太戊以後所未有

太戊在位七十五年外藩高麗長壽王璉立七十九年若日本所傳酋長享國有至百年者似不足信

咸豐十年中西重立和約剏設總理各國事務衙門執柄者親王二人大臣八人總辦章京六人司俄股者十二人司英股者十八人司法股者十八人司美股者八人司務廳清檔房四人各官如軍機處例奏西諸國均於京城列使臣各頒全權大臣印部族蕃多語言哤雜戢暴馴頑大費周章兼以所用書生輩不諳邊務徒以舌鋒筆鍔是務惟賴大學士交祥蘊經遠之沈謀有適時之利用故廿年通商四海無警今藎臣騎箕戎心變態倘交聘啟隙市馬生嫌

未知臺省諸公誰揚貔虎之雄孰淸梟獍之孽也
同文館者聘西人爲教授凡中國搢紳至齊民家聰穎子
弟均許投牒赴館學習天文勾股造船製器諸法月有
課歲有會其尤儁異者優其廩餼奬其淸秩如果認眞學習亦得實用當刱議初樞府諸公擬選閣部翰林院五六品以下
官送館肄業本意以此等官學問素優差使較簡若令學習天文算學程功尤易御史張
盛藻疏奏謂天文勾股宜令欽天監五品正天文生肄
究製造工作宜責成工部考校文儒近臣不當崇尚技
能師法外夷奏入樞臣堅持初議時倭文端公方以首

揆掌院偶有違言遂疑倭公廷阻大計迺奏派公充同文館大臣公越日策蹇蒞任忽墮馬以足疾請假而部院庶僚亦自以下喬遷谷為恥迄今十餘年尚無清秩官入館者

本年十一月初五日奉　旨依議同文館後御史張盛藻奏駁又經恭親王等具疏聲明謂此次招考天文勾股並非矜奇好異震於西人術數之學也蓋以西人機器之法無不由度數而生今中國議欲講求製造輪船機器苟不藉西士為先導俾講明奇巧之源製作之本竊

恐師心自用徒費錢糧無裨於實際論者不察以臣等爲不急之務者又有以舍中國去而從西人爲非者甚且以師法西人爲耻其說尤謬者夫天下耻莫耻於不若人查歐洲各國數十年來講求輪船之製愈造愈精日本近亦遣人赴英國學其文字習其象數爲仿造輪船張本夫日本蕞爾國耳尚知發憤自雄乃中國狃于因循積習（此四字中國之通病）不思振作耻孰甚焉臣等管見欲望中國子弟將來或可突過其人今不以弗如人爲耻而獨以學其人爲耻將安於不如而終不學遂可雪其

耻乎或謂製造乃工匠專業儒者不屑爲之查周禮考工記所載皆梓匠輪輿之事何以數千百年黌序奉爲經術歟蓋匠人習其藝儒者明其理理明而用宏焉今日之學學其理也况儒者格物致知亦當深明天文勾股以藉資印証云云按倭公同張侍御所言固從理學起見然今昔情形不同當以恭親王等具疏爲圭臬何也學期適用事貴因時凡自强之道師其所長不取其所短獲其所益不受其所制矣

黃教喇嘛較浮圖天方尤爲誕罔其人狡悍陰鷙爲娶婦食

肉華服炫衣無復戒律定例凡祈禱雨雪　上令演法
唪經而長年承應　內廷者至一二百人出則橫行街
市莫與誰何縻帑惑民於義無取葢　本朝龍興之初
喇嘛效順最早而其術盛行東土又夙爲蒙古諸部落
所崇信故優禮彼教借以羈縻外藩不虞相沿至今祀
典慶典參預日多駸駸乎欲淆秩宗之大禮二百年來
言事諸臣惜無建議裁抑者
黃教創於宗喀巴宗喀巴以永樂十五年生囑二弟子世
世轉生演大乘教曰達賴曰班禪皆死而不失其性自

知所往生其弟子往而立之青海二十九旗喀爾喀八十二旗蒙古游牧五十九旗滇蜀邊番百十土司皆敬奉焉其在京師祝釐諷經之地非一大內前後殿每日有喇嘛唪吉祥天母經無量壽佛經龍王水經大游戲經朔望放烏卜藏又養心殿圓明園雍和宫暢春園唪藥師經十八羅漢經或跳布札具詳會典至於宏仁寺嵩祝寺法淵寺闡福寺等處喇嘛共計二三千見麗濾薈錄種種需用出於國帑每年所費不貲矣

康熙初索尼爲輔政大臣始由武員因精通國語 賜號

巴克什案巴克什即筆帖式然近來筆帖式盈千累萬
視爲不足輕重矣
自兵民分置之後官以文武異秩東西漢官階品則武高
權則文重魏晉而下襲焉　國朝亦因之所以提督雖
一品其權不及州縣惟兵馬司指揮所管地方盜賊爭
競街渠各衙門事無一不在所當理而又選於吏部其
品雖武其權則文案兵馬司指揮即東西漢所設都尉
副指揮即左右校尉是也
兵備道在監司之列權重而體尊然　國初時總鎮視道

為屬員兵將之勇怯營伍之虛實馬兵之缺補糧餉之盈縮道員不敢過而問焉至康熙三十年始定道員見鎮如敵體儀

上古之世未有織紝惟衣鳥獸之皮所以周禮有司裘以供王祀天之服 國朝祀天服貂從古制也

禮圖祭天用瓦旊案禮器有木簋又有瓦簋有木豆又有瓦豆疏家謂祭宗廟則以木為之若祭天地之器尚質 國朝用瓦者亦在瓦旊之列也

順治九年兵部滿漢諸大臣有犯帶鎖發門在通衢大路

萬目共覩十年正月元旦朝賀後特宴院部卿貳科臣於殿內給事中姚文然題奏請除帶鎖發門之令從之

國初有大兵養馬之害彰德衛輝懷慶等處每夫一名運草八束偭銀不過二錢四分運價則銀一兩二錢矣是運價四五倍於正價也見太僕寺卿楊運昌奏疏

國初時人民有圈地之苦有逃旗之苦有喂養馬匹供應兵差之苦有封船之苦有縴夫之苦有修葺戰艦之苦有藩府朘削之苦有追呼敲朴之苦有驛遞騷擾之苦有盜賊焚掠海寇出沒之苦又有水旱不時之苦以今

視昔不啻仙凡之别矣

國初有徵黄絹之例以備賞賜然官胥皂快查驗盤駁無不需索及至運京則押解有費歇家有費鋪墊有費驗收有費投批掣批有費藩司府縣追比提比有費順治十年經御史班璉題奏請免織辦仍舊徵解折色從之

國初蘇州織造僉報機戶查機戶之害一人充當賠累數百金以至數千金一人扳扯數十名以至數百名良由奸胥滑吏因緣爲奸拘拿良民勒寫情愿投狀其實良民不情愿而情愿者必非良民經給事中袁懋功劉餘

謨先後題奏請其停止從之

國初江南有官戶有民戶復有子戶案民戶當差官戶不當差至今日服官明日便稱官戶者會典內官一品免田千畝今且過萬矣即降爲從未以至陰陽醫學莫不如是但本官果有是田邀免尚可迺纔登仕籍原屬寒素而大姓富室盡寄其門出平日力役之費以供本官薪水之貲若本官已歿又巧立子戶之名一世再世無所底止是以窮簷小民多有苦樂不均之嘆康熙間經

御史所奏悉禁之

同治間河南山東等處差費甚重嘗有税錢一緡而差費派至制錢五六緡者緣軍興以來所有過境兵勇之車輛絡繹往來地方官不能不借資民力嗣後州縣之子弟族親視車輛爲常例上站或出印帖或發溜單下站即按數應付甚至家丁之丁幕友之友儼然乘傳如梭如輪以致差費有加無已御史周恒祺奏請嚴飭督撫禁革如地方官有出印帖溜單擅用車輛者凡濫發濫應之員均以私罪論至於正用車輛亦當禁革丁役需索訛詐等弊云云蓋上能減一分之累下即受一分之

惠兵燹後人民如久病初愈宜服補中益氣湯以資培
植該御史能以此爲急務是亦當今和緩也
柳南隨筆云前明時縉紳惟九卿稱老爺詞林稱老爺外
任司道以上稱老爺餘止稱爺今則内而九卿外而司
道以上俱稱大老爺矣自知府至知縣俱稱太老爺矣
又舉人貢生俱稱相公郎　國初亦然今則並稱太爺
矣案王氏生乾隆間所著柳南隨筆譏其當時稱謂之
僭濫今則京官四品以上外任司道以上無不稱大人
翰林開坊編檢得差知府加道銜亦稱大人同通州縣

皆稱大老爺舉貢生監無不大老爺甚至屠沽市儈捐道銜則大人矣捐州同理問銜亦大老爺矣關內羊頭職方狗稱謂僭越更何足言

近來惡習莫如屬員拜認門生明末凡經撫按保薦者去任後方稱門生因受國士之知故居弟子之列乃流弊日甚凡州縣之與府廳府廳之與司道司道之與督撫往往師弟相稱執禮維謹借門生爲獻媚之階梯假執贄爲行賄之捷徑順治十三年給事中柯聳題參飭禁是亦清官守而肅吏治之良法也

軍興以來每閱邸報見督撫代陳在任守制之疏接踵而至甚有爲州縣亦率行申請案督撫不過爲某地荒殘某方衝要某官撫綏得宜耳但此人丁憂便可代爲題留使此人捐館又將何以處此缺同治十一年曾經御史奏請停止庶不以人謀之假借廢天倫之至情矣

明初都御史秩正七品分監察御史爲十二道秩正九品每道鑄印二文曰繩愆糾謬以秀才吳荃等爲試監察御史其後升都御史正三品十二道御史正七品更鑄監察御史印曰某道監察御史印終明之世七品不改

我朝順治元年定給事中御史以中行評博四項及推官知縣考取間亦以部屬改授與明制已不同迨雍正七年定漢御史由員郎編檢內閣侍讀授者爲正五品由中行評博知縣授者爲正六品乾隆十六年定給事中正五品御史從五品主事評博中書以及知縣概停止取

順治元年設登聞鼓于都察院門首每日以御史一人監之康熙六十一年改歸通政司茶餘客話云明制以六科隸通政司我朝雍正時始隸於都察院

投充名色從古所無因墨勒根王許各旗收投貧民爲役使之用嗣後有身家有土地者一槩投充遂有積奸無賴或恐圈地而竄以地投或本無地而踏以他人之地投甚且帶投之地有限而挾刁逞强之弊出矣所投之主原不盡知但憑投充之口護庇容縱以致御狀鼓狀通狀紛爭無已且投充後自命爲旗人地方官明知民寃而不敢伸順治九年戶部尚書劉餘祐題奏請禁投充從之

國初墨勒根王修葺府第有營繕司郎中李迎晙督造不

惟淩空挂斗與　帝座相同而虎踞龍蟠雕鏤奇異尤有過之者李迎晙因此陞工部右侍郎其後諸王祭塋勒根王僭儗之原皆由工部右侍郎李迎晙阿諛逢迎之爲祟也御史楊義亦奏迎晙借竹頭木屑爲獵華躋膴之階假窮工極巧作固寵竊位之計云云

國初近京五百里內圈給八旗凡宗室王貝將軍之莊園共萬有三千三百三十八頃有奇勳戚世爵莊田十有四萬一百二十八頃有奇其內府莊田以待　皇子分封公主贈嫁者不在此數

國初圈地之法與屯田無異但圈有主之熟地則爲民害
而屯無主之荒田則民不擾
周禮條狼氏掌執鞭以辟道路之穢惡及人物之壅塞不
通者　國朝定例凡地方官出而皂隸亦執鞭呼道引
路即條狼氏之遺意
國朝圍場在木蘭蒙古部落中屬理藩院統轄設總管一
人三品左右翼長各一人四品章京八人五品驍騎校
八人六品周時所謂山虞澤虞各官是也又牧場在張
家口外以察哈爾副都統兼充牧場各官皆蒙古人有

兩翼總管左翼四旗在哈喇尼墩井右翼四旗在齊齊爾漢河翼長各一人五品皆駐劄張家口按牧場總管漢時所謂苑監官魏時所謂牧官都尉是也

國初官號清語居多如噶喇昂邦即今左右翼前鋒統領固山額貞固山昂邦皆今都統梅勒額貞梅勒章京皆即今副都統纛章京即今護軍統領甲喇額貞甲喇章京皆即今參領牛彔額貝牛彔章京皆即今佐領一二三等總兵官世職一二三等昂邦章京一二三等精奇尼哈番皆即今一二三等子一二三等副將世職一二

三等梅勒章京一二三等阿思哈尼哈番皆即令一二三等男一二三等參將世職遊擊世職一二三等甲喇章京一二三等阿達哈番皆即令一二三等輕車都尉盛京八門總管昂邦即令將軍駐防昂邦即令駐防將軍墨爾根蝦即令蒙古侍衛札爾固齊即佐理五大臣

見趙雩門筆記

桐城張侍郎廷璐爲翰林時督學河南以約束生員不嚴罷斥　世宗皇帝鑒其誠樸　特旨起之廢籍復俾以江蘇學政之任三年報滿有公明之譽奉　諭再留

三年　高宗即位又留三年閱二年江蘇又缺員
上仍命之往侍郎懇辭乃改　命其弟廷璋充弟
二人四任此官前所未有
雍正丙子秋蔣文肅公主順天鄉試時太夫人高年在堂
世宗皇帝恐其懸念命樞府諸大臣索其家平安
信於降旨之便傳入闈中以慰其心
宣宗朝江陰季文敏公芝昌尤以詞章邀　睿賞自十
二年及第後大考連列高第疊奉山東浙江江西學政
主考之　命二十三年與考試差翼日召對　上

嘉歎公文謂他人竭蹶喘汗不能到者汝則沛然有餘
譬之於射汝穿楊百中矣公退以不失鵠名其齋
方勤襄公維甸行狀云年十八入京 賜舉人內閣中書
軍機處行走 本朝樞臣入直華要之年當無更少於
公者拔公一生敭歷有三大榮遇爲自古人臣未有之
遭公始生時父恪敏公方總制畿輔彌月之辰恪敏適
扈從 行在面陳後攜抱入 覲賞賚駢蕃一也
未弱冠 賜中書所聘雲南裴撫軍女猶未娶也會引
見垂詢命金壇于相國傳示裴中丞早爲畢姻嗣

裴夫人歸甯滇南又有　旨下直隸制軍沿途促返
二也公督閩浙以太夫人年逾八旬拜疏歸養後有
詔召贊樞務公奏稱臣母不能頃刻離臣臣又不能
奉母就道懇辭　新命　上聞憫而許之乃輟召復
加　賜珍物以遂其孝養之私三也　醲恩渥寵
家人骨肉所未能體恤周至者　聖天子終始矜全
乃無微不到如此百世臣僚宜何如踴躍感奮與詳見
公行狀及惜抱軒集桐城科名錄
陸清獻以康熙壬申十月歸道山明年冬會推直隸江南

學院廷臣咸擬翰詹大僚　上皆不允　特旨商隸
著李光地去江南著陸隴其去相國王文靖公熙奏稱
陸某已經身故　上曰何不啟奏對曰七品官在籍
身故無啟奏例　上嗟歎久之曰　本朝如這樣人
不可多得了清獻貞廉忠鯁歿後猶受知　君上若
此
乾隆甲戌夏　命翰林工楷書者梁國治秦大士梁同書
莊培因等繕錄昭明文選又　命朱珪戈濤盧文弨翁
方綱等校對於翰林院後堂東實善亭內發出宋版文

選一部紙墨精好古香襲人每册有前賢手題墨蹟第一册前有　御筆題云此書在天祿琳琅中亦不可多得

康熙乙酉五月　駕幸西苑時開列試差各員適赴行在候　旨核奪直廬諸詞臣同奏臣等蒙　恩點派扈從不願作主考官求免試得　旨汝等所見極是向來主考難得好聲名汝等既不願出差今年各省鄉試俱不必開列傳與掌院知道見查愼行乙酉日記按今翰林官儤值　內廷幸苦三年專盼秋風一度其

營營得失較遠商覓利者爲尤勞讀查氏日記見當時
詞臣之淡泊清高覺金馬玉堂眞在天上
雍正壬子江南鄉試得　旨以安徽學政王公蘭生爲正
主考前此未有也按公畿輔一諸生康熙朝以李安溪
薦入直　內廷癸巳秋　賜舉人同與會試辛丑春
賜進士同與殿試　世宗登極授編修主廣東試督浙
學移節安徽主江南試移節陜西以事左遷需代復
特旨留公俟期滿洊佐刑部始卒於官致公一生侍直
禁近編纂祕書鋒車四馳與文字相終始而　兩朝恩

遇之厚亦自無與比肩　聖
山左汪灝以侍讀督學山右屏絶竿牘廉節著聞
祖仁皇帝西巡俯察邇言採及清望　温旨褒獎命超
五階爲內閣學士兼禮部侍郎復調陝西學政旋　命
巡撫河南幸際　聖明直道之獲伸如此廉吏之可
爲如此
奏與吳和甫少宰存義直南書房時　文宗偶臨幸見
其貂褂黯敝　笑詢之叩首對曰臣自授編修至今已
二十年矣　上太息次日即蒙畀貂之　賜後少宰

督滇學還奉 命兼署順天府丞 召對時諭之曰朕
聞順天府丞每逢考試賣卷可得千金聊償汝在滇之
清苦少宰視學浙江每述及 先皇厚恩未嘗不潸
然淚下也
咸豐元年粵匪陷平樂府林文忠强疾視師中途星隕天
下惜之有 御輓一聯云答君恩忠愼清勤四十年
盡瘁披誠解組歸來猶是心存軍國殫朕德馳驅險阻
六千里出師未及騎箕竟去空教淚灑英雄見者莫不
流涕

皇朝瑣屑錄卷二終

皇朝瑣屑錄卷三

嘉州　鍾　琦　泊農

掌故五十三則

韓城王文端公燕乾隆二十六年進士　殿試進呈時閱卷諸臣置公卷第三　上親擢第一蓋公夙在尹文端公幕中司奏摺　高宗識其字體嘗嘉獎也本朝陝西人得鼎元自公始公自通籍至參政握文衡者十二次其間督浙學三任督閩學兩任而丁未已酉庚戌四年之間三充會試正總裁尤爲異數云阮文

達編公年譜稱公服官四十年貧如爲諸生時有門生自外任歸餽金爲壽公曰曩吾與若言何如今受若餽如所言何公忠貞亮直故稱賢相卽此一端亦可見兩朝恩遇有自來已

朱竹君學士筠爲翰林時　高宗方詔求遺書公奏言翰林院庫藏明永樂大典中多逸書宜就加采錄上善之亟下軍機大臣議行復　御製七言八韻詩紀其事乃　命纂輯四庫全書凡海內僅有之本得之大典中者幾六百部次第刊布嘉惠士流公又請倣漢

唐故事擇儒臣校正十三經文字勒石太學奉 硃
批候朕緩酌辦當時 聖主右文詞臣稽古鴻篇
粵册出九淵而光九天世皆以四庫書成歸功紀陸不
知學士其先河也
聆帆祭酒初名運昌乾隆五十年升庶子時 命改法式
善法式善者 國語黽勉上進也祭酒雄文邃學清班
二十載未嘗一與文衡兩應大考俱左遷相傳書法甚
古拙知乾隆朝已重字不重文矣
順治十三年 上諭庶吉士教習已一年授爲科道果有

忠言讜論始爲不負所學時乙未庶常授御史給事中

者甚多

皇帝鹵簿有四曰大駕鹵簿玉輦爲大駕有之餘不用曰法駕鹵簿曰

鑾駕鹵簿曰騎駕鹵簿制均有辨

朝會慶賀諸典禮設 表案經筵設講案設 御書案

頒給設賞案 賜燕設食案考試設閱卷案工

部準各該衙門移文供用

國朝祭帛倣前代分七等曰郊祀制帛曰告祀制帛其色青黃

曰奉先制帛其色白曰禮神制帛青黃赤白黑五色曰展青制帛

曰報功制帛（均色白）名制帛名皆織滿漢文於帛端曰素帛無文歲由江甯府織造人貢輸工部以供太常祭祀之用

定例凡僧道置首領約束之在京師者曰僧錄司左右善世二人（正六品）闡教二人（從六品）講經二人（正八品）覺義二人（從八品）曰道錄司左右正一二人（正六品）演法二人（從六品）至靈二人（正八品）至義二人（從八品）由吏部選擇補授在直省者府曰僧綱道紀州曰僧正道正縣曰僧會道會（均未入流）府二人州縣各一人由直省咨部給劄以樸謹者爲之

又僧尼受戒者給度牒道士道姑給執照年逾四十許授徒一人以牒照相傳若僧未受戒及道有室者不得授徒牒照秖其身送部彙銷按近年釋教授徒不論老少亦不論多寡憶予昔游成都昭覺寺新都寶光寺所見一人而有徒子法孫各四五十者凡方丈登壇大衆繞膝誰參豎指之禪孰化點頭之石無非如竟陵王清磬紅魚造經唄新聲而已並不知授徒有定例也而官吏亦未有以定例訓之繩之者矣

定例考取筆帖式試繙繹一道按旗定額滿洲每旗十人

蒙古漢軍每旗三人注册分班銓用年未及十八者停
選由舉貢考取者七品由生監考取者八品由官學義
學生及親軍護軍領催庫使驍騎考取者九品見任者
循例三年一試分别去留若各省督撫城守尉衙門筆
帖式六年滿期各該處注考送部以京官補用
同治十年八月御史梁景先請飭考核羣吏具疏近閱雲
南撫臣岑毓英考核屬員所奏府廳州縣佐雜之由廩
增附監俊秀文童捐納軍功出身者面試論策定列等
第分别停委回籍休致者不下三四十八人並聞解部試

卷有鄙俚不堪傳爲笑柄者此輩使其表率僚屬審判
詞訟有不沸騰物議貽誤地方者乎查雲南爲邊遠省
分又兼軍務甫平濫竽充數者如此之多則他省之較
爲完善者其輻輳雜沓更可想見相應請　旨飭下
直省各督撫查照滇省現辦章程於道府以下各官之
出自捐納軍功者破除情面認眞考核嚴定去留以裁
冗濫而清治源云云竊惟吏治之廢興視乎守令之賢
否然必先覘其內蘊而後可驗諸施行自髮逆跳梁捐
納日廣仕途日雜徃往有垂壘綬而握銅章者從不識

丁何知書午如果大吏能如岑中丞一認眞甄劾尙可補
救於將來不然此輩藉健卒爲爪牙視煢黎如魚肉是
乃殘瘁之餘永無蘇息之望矣
國朝文官三載考績以定黜陟在內曰京察在外曰大計
京察之制三品京堂由各衙門開列事實具奏請
命王大臣驗看分別等第引　見餘官聽察於其長
考以四格曰守曰政曰才曰年糾以八法曰貪曰酷曰
罷軟曰不謹曰年老曰有疾曰浮躁曰才力不及各注
確實考語具冊密送吏部吏科都察院京畿道各封門

欽定等次準一等者加一級遇保薦時該堂官即於一
等人員內選用其入八法人員除貪酷外均引　見
注考徇情及遺漏舛錯者罪之間近年京察入列糾劾
者亦寥寥惟各部額外司員中有文理荒謬者咨回吏
部該司員進退維谷自行束裝回籍雖未糾劾與糾劾
無異耳嘉道間郎中準一等者於次年可望放道府今
亦有名無實緣捐例日廣保案日多豈惟郎中選缺不
易而員外署正主事中書等選缺更遥遥若不加時新
花樣是猶處囊錐頓曾無脫穎之期負軛聲悲終困攉

輪之扳也 三

定例大計直省督撫覈其屬官功過事蹟限十二月內具

題到部凡得上考曰卓異自道府以至從未才守兼優閱俸滿三年者調任官員通計前俸均准薦舉其因公罣誤罰俸降級之員如居官廉能亦許別疏列保部准卓異者槪令引

見注册

賜衣一襲回任候升如薦舉不實遺漏該員處分之案及卓異人員犯貪酷不法同原保官分別議處均如京察定例糾劾失實者罪之援軍興以來大計成虛文得卓異者多屬世誼而糾劾惟以

三四佐貳五六佐雜敷衍塞責而已似此賞罰不明勸懲不善吏道所以未清民生所以未遂也

會典武官軍政則合內外五年一考選其黜降亦如大計例自粵匪跳梁武官則二十年來未聞甄別所以貪悍衰庸者多矣

前明以公侯伯都督掛印充各處總兵官如宣化曰鎮朔將軍大同曰征西前將軍延綏曰靖虜副將軍甯夏曰征西將軍甘肅曰平羌將軍之類文皆柳葉篆無將軍名者皆疊篆文 國朝仍明制而損益之掛印總兵

官凡九缺宣化大同延綏寧夏肅州涼州西寧陝安臺
灣同治間添設皖南共十鎮有掛印之名無將軍之號
卽事權亦較遜焉
康熙五十七年　孝惠皇太后升祔議者以
孝康皇太后升祔已久欲位其次大學士王掞議曰
皇上聖孝格天曩者　太皇太后祔廟時不以
躋　孝端之上今肯以　孝康躋　孝
惠之上乎議者不從公言　上果以爲非是令改正
焉

道光辛丑八月恭値　聖壽六旬部臣照例奏請舉行
慶典　宣宗以暎夷内擾海氛不靖未俞
所請遂使萬國抑呼嵩之願羣工廢宴鎬之儀鉅典崇
禧竟從貶損蓋　先朝愼重海疆耄期憑几之年猶
無日不以驅攘爲志也

太和門丹墀左之石闕儲嘉量丹墀下之石匱儲米穀値
大駕出宮鹵部中象負寶瓶亦儲米穀蓋　先
朝定制寓意淵微欲使　聖子神孫觸目有稼穡艱
難之警也

國朝典樂以王貝綜理又用禮部尚書或侍郎兼管掌五音六律以合陰陽之聲所屬神樂署和聲署各有署正署丞掌儀官以及司樂供奉協律郎共七十四員凡
郊　廟祠祭之樂神樂署司之　殿廷朝會
燕饗之樂和聲署司之　宮中慶賀燕饗之樂掌儀官司之惟鐃歌鼓吹前部大樂由鑾儀衛司之均統於王貝案樂器金之屬曰鐘石之屬曰磬絲之屬曰琴曰瑟竹之屬曰排簫曰簫曰篴曰篪匏之屬曰笙土之屬曰壎革之屬曰鼓曰搏拊木之屬曰柷曰敔見律呂正義

禮部禮書纂修　玉牒每十年由宗人府題請以宗
令宗正充總裁按每年黃冊紅冊所紀彙入　玉
牒中以　帝系爲統以長幼爲序存者朱書歿者墨
書告竣後於　皇史宬宗人府盛京各尊藏一部凡逢
纂修日滿漢大臣派其子弟奔走或附列收掌或附列
繙譯或附列謄錄或附列監造或附列校對校刊繪圖
濫邀保薦用力微而得官速其徑至簡且捷非法
祖宗之法心　祖宗之心也淸夜自思豈袞袞諸
公不知其顙有泚否

京師防禦火警八旗各設火班每旗有官十員有兵八十人領以都統凡闔回祿都統率官兵及夫役往救之東南城報正藍鑲白二旗西南城報鑲藍鑲紅二旗東北城報鑲黃正白二旗西北城報正黃正紅二旗每翼二旗同赴有不至者各論如法

前明沿宋制設戶部尚書從一品掌天下財賦　國朝因之同治間又設通商衙門　命王員及軍機大臣管理與漢唐設官理財大異案舜命九官無理財之職蓋古人以財為末周官財賦皆統於天官冢宰亦無專

任漢有九卿一太常二光祿勳三衛尉四太僕五廷尉六鴻臚七宗正八大司農始掌財賦九少府卿掌天下私財故附於後唐亦有九卿一曰太常二曰光祿三曰衛尉四曰宗正五曰太僕六曰大理七曰鴻臚八曰司農九曰大府與漢名雖不同而官無異皆守財者末也之意非若今世之官不講教養惟以理財催科爲能員又毫無體恤惟以箠楚栲夾爲能幹雖時勢使然所慮者異國在內地立信爲本散財爲惠收買人心而深謀遠圖無如各州縣尚在醉夢中並不念及於此反爲淵

毆魚爲叢毆爵非止現在之教民不能化爲良民且恐
異日之良民亦將變爲教民耳又案周設地官司徒原
兼教養其時爲邑宰者無不盡心竭力於農田溝洫疆
績蟹匡近世士大夫於閭閻犁雲鋤雨之事並未巡游
詳察且畎澮之湮塞地土之廢棄如秦人視越人之肥
瘠然兼以大僚亦不從根本上訓導而倡率之反不若
歐洲各國尚有古風案鄭陶齋盛世危言歐洲設農部
有專官農功有專學朝得美法暮已徧行於通都大埠
何國有良規則互相仿效必底於成欲令野無曠土地

無遺利而後已若民心不明以官牖之民力不足以官輔之民情不便以官除之隱無怪乎歐洲得富國強兵之關鍵治國平天下之樞紐所以不憂貧患寡矣

滿漢名臣傳　國初大臣多有稱某部承政某部參政者案承政即今尚書參政即今侍郎左右承政即今左右都御史左右參政即今左右副都御史

國朝蒙古王貝勒受封　賜册貝子公以下　賜誥命護衛之制悉視宗藩惟馬韁非奉　特賜不得用黃金紫色王貝等多世襲罔替自扎薩克外皆屬散秩

公主之子親王之子弟授一等台吉惟土默特左翼喀喇沁全部稱塔布囊蒙古人有軍功 賜達爾漢號者以功之大小別承襲之差等歲以十二月十有五日後二十五日前來京朝賀王貝以下均行三跪九叩禮歲除日新正十四日十五日各 賜宴一次賞賚科爾沁親王白金五百有二兩各部落親王四百三十兩科爾沁郡王三百九十兩各部落郡王三百十有七兩貝勒二百三十八兩貝子百五十兩公一百十有七兩台吉七十六兩散秩台吉一二品者六十三兩三四品

者五十三兩按蒙古親王共五人郡王共十有八人貝勒共十有七人貝子十有六人鎮國公十人輔國公十有八人一等台吉四人一等塔布囊一人凡尚主者或遇主先薨逝如未別娶仍稱額駙給以俸幣已別娶者停止見大清會典

池北偶談載朱衣客以道員改總兵嘯亭雜錄載劉清以運使改總兵殊罕異也咸同間張曜以文員改武官至提督蔣益澧以武員改文官至巡撫而楊岳斌尤奇由湘鄉把總官至陝甘總督且適與嘉慶間楊忠武公遇

春同姓同起行伍同任兼圻同督陝甘先後若出一轍
滇督劉公嶽昭疏劾川督吳公棠經李少荃爵相遵
旨查辦奏言劉嶽昭傳聞失實率行彈劾大員惟以時
事多艱人才難得蒙　恩嚴行申飭又山東兗沂曹
濟道長賡捕拏傳徒濫刑斃命以長爲東省必不可少
之員蒙　恩革職留任賈侍御瑚以申飭不足以昭
炯戒革留不足以蔽處分奏請另議重辦奉　旨所
奏不爲無見惟未悉　朝廷曲成人才之意著無庸
議見同治八年十月廿五日邸抄

同治八年天津捐建科爾沁親王僧忠王專祠　御賜
丹心萬古匾額　天語褒崇幾與關仁勇齊驅並駕
矣薄海臣民能無觀感
李公少荃以漢員授文華殿大學士此亦　國朝以來不
多見者光緒初年所論釐捐事復具疏有云士大夫習
爲章句帖括輒囂囂然以經術自鳴惟攻訐相尙至於
尊君庇民一切實政漠不深究誤訾理財之道爲朘削
妄擬治兵之人皆怙勢顛倒是非混淆名實論事則好
從苛刻任事則競趨巧僞稍遇警變張皇失措俗儒之

與人才敗壞因之此最可憂士大夫讀萬卷書好高談
時政究之坐而言者未必起而行觀相所云真篤論也
典吏庶人之在官者也周官府史胥徒府爲管庫之屬史之
則今之書吏也漢時鄉舉里選而人才出於吏恆多洪
武初薦舉進士監生吏員並用永樂問論吏勿復用爲
御史又不得與鄉會試而流品自此分矣其後定制生
員考下等者乃謫爲吏　國朝同治問通正使于凌辰
所奏書吏在該衙門當差數十年後而始得充經承經
承役滿後其能幹者僅得從未職銜而亦不能即選其

已登仕途者非永無升轉之例或經督撫保舉亦必其曾任佐雜佐貳論貲計俸著有能聲方准升轉從未聞有以尚在本衙門當差之書吏並未充過經承亦未選過從未而即驟選知縣實缺者有之實自近來之保舉濫加始查書吏派充差使非必事務浩繁轉勞於本衙門也亦非必自備資斧甚苦於本衙門也赴差有日費住差有津貼較在本衙門已偏得多多且又非若軍營差使並無所用其奇才異能試問所司者何事亦不過供奔走管書記耳以書吏爭趨之捷徑即保以佐雜佐

貳已不爲不優矣而保者竟遞保至正印選者即銓選一實階殊與愼重名器之道未甚允協請將書吏由保舉曆曆遞加至銓選知縣一條永行禁革云云此奏爲愼名器而抑倖進於國體官方兩有裨益故錄之

國初有察荒御史然因賦未增而民力已困順治十六年左都御史魏裔介請停察荒御史所謂多事不如省事愛國必先愛民者也

順治六年　上諭凡逃亡人民不論原籍別籍必廣加招徠編入保甲俾之安心樂業察本地方無主荒田州

縣官給以印信執照開墾耕種永准爲業俟耕至六年後方議徵收錢糧其六年以前不許開徵又順治八年
上諭田野小民全賴地土養生朕聞各處圈占民地以備畋獵往來下營之所夫畋獵原爲講習武事占人不廢然奪其耕耨之區斷其衣食之路民生何以得遂朕心不忍爾部速令地方官將前圈地土盡數退還原主令其乘時耕種云云　國朝開基以來恤民務本如此所以海內家給人足而白叟黃童熙熙然相忘於鑿壞鼓腹之下者皆　世祖章皇帝闓澤覃敷深

仁普洽之恩矣

秦廢井田開阡陌已千百年矣後世明君賢相莫之能變即有變者始而紕戾繼而隳廢　聖祖仁皇帝云井田之法寓兵於農正易所謂容民畜衆也自兵農既分勢難復合後世有欲於曠閑之壤倣古行井田之法者不惟無補於民正恐益滋煩擾天下事與一利不如去一弊之爲愈增一事不如省一事之爲得也大哉　王言可爲好事者頂門下一鍼所以　國朝自　章皇帝統一寰宇因明制而增益之田不必井而井之之

法存田不必均而均之之法寓矣
定例庶人塋地九步穿心十八步爲限同治間駱文忠公
具疏案此爲貧苦於官山掩埋者而言之若契買之業
則凡在四至之內無論前後左右若干丈尺非他人所
能掩埋又何必以禁步爲限耶故律令於有主墳旁盜
葬及秖於田園山場內盜葬論罪各有等差是契買之
業不必限以禁步可見禁步專指官山而言也審矣
太和殿墀品級山鐫正一品至九品文左武右合正從計
之爲行四爲數三十有六恭遇　皇上升殿科道官

立山旁斜儀謂之站山子即宋人排班石遺制惟今範金爲山形爲差別耳朝官戲呼站山子科道爲天罡星蓋舉其數以相嘲也見郡齋筆乘

國朝步軍統領提督九門巡捕三營擒緝盜賊稽察姦宄統率勁旅以肅清　輦轂所屬文員十有七人武員六百六十八人領催二千三十一人馬兵一千四百四十八步兵二萬一千四百七人（養廉名糧及門軍一千二百四十八人不入數內）所管鎖鑰於城門尤綦重焉朝啟以昧爽夕閉以日入凡大清門內午門外須陰文陽文合符於步軍統領轉飭

正陽東直步軍尉專管陰文夜間有旨啟門大内出陽文合符正陽西直步軍尉專管陽文有旨啟門　大内出陰文合符比驗迺啟次日奏聞統計守衛皇城内分汛九十列栅一百十有六皇城外分汛六百二十有五列栅一千一百九十有九外城三營分汛三百四十二列栅四百四十未在數内均令步軍尉督率擊柝傳籌巡更黎明迺止

國朝八旗直班各有定所内城九門惟正陽門八旗輪流當差若安定德勝東直西直朝陽阜成崇文宣武各按

軍士居止方位八旗滿洲蒙古漢軍分直各設有官名曰城門領安定門以正藍旗德勝門以鑲藍旗東直門以鑲白旗西直門以鑲紅旗朝陽門以正白旗阜成門以正紅旗崇文門以鑲黃旗宣武門以正黃旗又外城七門亦有定所均以漢軍當差鑲黃旗直東便門正黃旗直西便門正白旗直廣渠門正紅旗直廣甯門鑲白鑲藍二旗直左安門鑲紅旗直右安門正藍旗直永定門晝夜巡宿以專責成倘有火警即往撲救乘機攫物者逮治之

同治二年三月少詹事桂清具奏臣於咸豐十年八月奉
命管帶正紅旗官兵上城防守目覩西面正紅鑲
紅與東面正白鑲白四旗分守地界遠近不一而南面
之正藍鑲藍北面之正黃鑲黃四旗分守地界遠近尤
爲懸絶各旗所派官兵數目多寡相同界遠者兵以分
而見少其勢較單界近者兵以合而過密其形易擾彼
時防守喫緊未敢遽議更張竊意　國朝定制諸事
合宜而城守大端必不至如此簡略撤防後遂徧加查
訪乃悉通志內載八旗界址本極明晰嗣因道光五年

十二月八旗會議城上該班章程曾經繪圖分存各衙
署臣詳加披閱其意專爲雜閑人於城上游蕩故各馬
道處安設堆撥堆撥者以石纍之即爲八旗分界而於各城相
距遠近及八旗方位緊未討及是以前歲官兵防守誤
爲定章伏思　國初所設旗色方位實寓五行相勝
之理而道光五年所定章程統以馬道口爲斷以致東
面鑲白西面鑲紅侵入南面兩藍旗界內而北面兩黃
旗東則侵入正白旗西則侵入正紅旗界內攙越參差
顯違舊制無論防守疏密不齊即平日該班兩藍旗偏

處一方其餘六旗則鞭長不及似於防衛值班均有窒
礙可否　欽派大臣查勘更定詳細劃明界址以期
責有攸歸而垂永遠云云蓋設城以衛民生賴分段以
相守況京師爲根本之區要害之地尤宜界址分明巡
查周密方足以壯聲威而弭奸宄矣
道光三十年冬禮部準故事具奏二十九年各直省所上
烈婦三十六口　予旌以否惟　上察奪　皇
上以仁育萬物爲心恐天下婦人女子相率效慕輕殺
其生也　詔不必旌咸豐元年二月　特降諭旨

軫念冬春之交冷暖不時繄此貞魂勿令抑塞前年直
省所上烈婦三十六口　詔不予旌者皆　予旌
表按此　特恩也　本朝乾隆以前凡烈婦殉夫貞
女守志及孝子孝女割股刲肝者輒令具奏請　旨
聽　上權衡然　予旌者什一二不報者什七八
自道咸之際　文宗恐隱側不曜上關天和三十年
來遂成令甲而匹夫匹婦覊孤幽僻之詣一經大吏報
聞朝上疏夕表閭矣夫獨非風教之盛歟見陳康祺郎
潛紀聞

大清會典命婦生前因子孫受封誥者加太字如稱太夫人太孺人之類歿後受贈則否若夫在及夫之祖父在雖封亦不加太字按封母加太字始於漢文帝七年詔令及宋政和間待制劉安建言謂太者事生之尊稱封母而別之所以致別於其婦既歿並祭於夫若加之尊稱則是以尊臨其夫也於名義未正自是詔令命婦追贈除去太字會典所載義本於此然則生稱太者歿後不宜稱矣

定例凡　封贈之典四品以下文官秪準將本身妻室封

典移封父母八品以下例封本身不及妻室是以封不及父母雍正二年從吏部尚書朱軾之請(後謚文端)四品下始準移封祖父母八九品準封父母不封本身妻室父教授學正教諭訓導向無封典至是教授照知縣學正教諭照縣丞訓導照主簿一體準封並繼母生母與嫡母俱封皆文端奏準

乾隆三年 上將視學擬舉行三老五更禮大學士張廷玉奏以典禮隆重名實難副恐幾微未稱不愜觀聽請停止

國朝順治元年令直省州縣每歲舉行鄉飲酒禮於存留錢糧內支銷順治二年順天府查照鄉飲酒禮舊例移送禮部題准施行雍正元年　上諭鄉飲酒禮乃敬老尊賢之古制應宜舉行嗣是爲常例

康熙十二年　上命擇詞臣醕謹有學者入侍左右備顧問張文端公時以編修充講官首被是選十六年始立　南書房特選公侍講學士使領其事

黄梧本鄭成功將順治十三年歸順封海澄公世襲罔替其子芳度康熙間拒耿逆之招固守漳州城陷殉難事

聞贈王爵謚忠勇拔國朝二百五十年以來漢臣
贈王爵者惟芳度一人眞異數也
咸豐三年二月上丁上親詣太學行釋菜禮越六日
癸未臨雍講學玉音朗朗講中庸致中和一節
尙書皇天無親四句自王公大臣以及有司百執事自
先聖先賢之裔以至太學諸生環集橋門璧水之間者
以萬計是日特命信郡王致祭於贈太師大學士杜
文正之靈蓋重淵源懷耆舊也
杜相國侍學龍樓一十七載咸豐壬子薨於位

上眷念舊學飾終典禮極優渥　贈太師謚文正皆出
特旨時公父侍郎撝猶存　頒內府珍藥遣官存
問公子翻翰皆由翰林晉階坊局出殯葬日　車駕親
臨灑淚奠醱　君臣一德生榮死哀雖古祿圖甘盤
讓此遭逢之殊異也

康熙二十九年　諭九卿察舉廉吏平湖令陸隴其三
河令彭鵬清苑令邵嗣堯麻城令趙蒼璧同被引　見
擢隸憲府四人者果皆耿直廉幹聲實俱美　聖祖
之知人則哲用賢勿貳如此

定例臣下謚典由禮部奏准後行知內閣撰擬舊隸典籍廳咸豐初卓文恭公入閣改歸漢票籤令兩侍讀司之凡奉　旨給謚者侍讀遵　諭旨褒嘉之語得謚文者擬八字由大學士選四字不得謚文者擬十六字由大學士選八字恭請　欽定惟文正則不敢擬必出　特恩又咸豐三年祁文端面奉　上諭文武大臣或陣亡或軍營病故武功未成者均不得擬用襄字見鮑康　皇清謚法考

謚法以文正爲最優　本朝謚文正者六人湯公斌劉公

統勳朱公珪曹公振鏞杜公受田曾公國藩文端亦優得此謚者恆多若朱公軾張公英王公杰倭公仁鄂公爾泰張公鵬翮其矯矯者文達如裘公曰修紀公昀阮公元足以當之文成阿公桂文安何公凌漢文貞李公光地文肅沈公寶楨文毅陶公澍文懿韓公菼文誠丁公寶楨曾公璧光文定孫公嘉淦朱公士彥得此謚亦少惟文恭文簡文穆文恪文敬文清文僖文和文勤文憲文愨文敏文莊文康文直亦謚之美者得此鑽鑽有戰功者甫得文襄能殉難者多得文節若文忠從前不

多見軍興以來又習而不珍然惟林公則徐胡公林翼
周公天爵駱公秉章傅公恆文公祥爲副其實耳所諡
文通文寬文思文靖文丁亦寥寥靖節自淵明後罕覯
之裕謙竟獲此諡削而復予邵耔雲筆記西人犯京口諸將徵兵請餉爲此公猜忌阻遏使提督陳化成總兵葛雲飛鄭國鴻王錫朋謝朝恩等力竭戰殁此公雖殉難言官論其罪狀故諡法削而復予從堂兄笛舫戶曹爾時以孝廉襄勞營務越十二年晤談亦謂此公性廉潔然無才略且猜忌粉飾以致軍情敗壞決裂耳與耔雲所言同他如諡文介則僅浙杭馮光祿培
元一人而已趙雩門諡法考雖詳備但添補者恆多
國朝諡法惟由翰林授職之員始得冠以文字其官至大

學士則雖不由科目亦得謚文惟康熙六年領侍衛內
大臣一等公索尼既未與金甌之卜亦不由玉署而來
予謚文忠實爲異數近時周文忠公天爵亦非翰林漢臣得此尤僅見
國朝矜重謚法故自順治至道光朝膺易名之典者僅四
百餘人同治初　兩宮垂簾訓政凡階一品皆予謚
近數十年遂爲定制
陸平湖以御史贈閣學　賜謚淸獻爲小臣得謚之始
至馬忠勤公玠以知縣贈布政使參議強忠烈公克捷
以知縣贈知府劉忠節公欽鼐以知縣贈太僕寺少卿

及楊延亮以知縣謚昭節方振聲以縣丞謚義烈俱照
知府例䘏皆出　特恩蓋我　聖朝崇獎死綏不
遺微末如此也光緒初元疆臣中有以府州縣官死節
請謚者　朝廷偶俞其請遂致臺垣部院援例乞
恩凡爲其親故殉難奏請　予謚者交章累疏
兩宮知非體　特詔停止而倖邀易名之曠典已
不可枚舉矣
國朝婦人得謚者始於嘉慶間滑縣知縣强克捷殉難
賜謚忠烈又謚其子逢泰之妻曰節烈嗣後以爲定例

閨幃弱質多蒙 優䘏故粤匪跳梁而婦人女子視死如歸者方州志乘累牘難書矣郎潛紀聞云古無婦人得諡者有之自嘉慶間張逢泰之妻始此未查典耳蘇老泉謂婦人有諡自周景王穆后始亦非按魯惠公聲子已有諡在穆后之前又穆天子傳天子為盛姬諡曰哀淑人據此二諡皆在已前之事郎潛紀聞及老泉所說俱未審確也

興京境內稱老滿洲此外居近吉林之錫伯人居近伯都納之卦勒察人居近琿春之庫爾喀人分駐佐領隨地隨時編入軍籍統為吉林兵稱新滿洲

皇朝瑣屑錄卷三終

皇朝瑣屑録

卷四之六

皇朝瑣屑錄卷四

嘉州 鍾 琦 泊農

掌故四十七則

國初睿親王多爾袞以元勳懿戚橫被流言乾隆間始
特旨昭雪復爵予謚並以禮烈親王後人改封巽親
王又改封康親王鄭獻親王後人改封簡親王豫通親
王後人改封信郡王肅裕親王後人改封顯親王克勤
郡王後人改封衍禧郡王又改封平郡王均非初封之
名不足昭示後世悉命復還始封爵號我 先朝褒

功録舊如此河山帶礪亙古長延矣
雍正朝和碩怡親王允祥薨逝　賜謚曰賢　上眷
性友悌眷念勿替　特旨以王生前所賜忠敬誠直
勤慎廉明八字冠於謚號之上敬按怡賢親王修學好
古爲善最樂固爲　本朝河間東平而　憲皇帝
任遇枝戚慶命旁流有加無已若此漢和帝之同輿共
室唐元宗之長枕大衾方之蔑如矣
李文敏公丹魁堂年譜紀　宣宗立　文宗爲太子
事甚詳確謹録之譜云道光庚戌正月　上違豫久

猶日　至奉三無私按四字殿名　召見辦事十三日　召
見慎德堂按宮名　寢僅軍機大臣大學士祁寯藻杜受田
尚書何汝霖侍郎陳孚恩季芝昌五人語良久十四日
卯初刻諸臣甫入直已　傳旨召對凡十人蓋定郡王
載銓及大軍機五人　御前大臣怡親王載垣鄭親王
端華科爾沁王僧格林沁三人暨內務府大臣步軍統
領尚書文慶也　上冠服端坐　命至榻前告以
立　今上為皇太子須臾　今上入　上取緘
匣　硃旨傳示並　諭勉諸臣畢各退　今上

命軍機五人同閱章奏移時甫還直廬忽急宣趨入驚
聞　大行皇帝龍馭上賓矣按道學家言每以易簀
啟手神志湛然爲生平學道之效況　萬乘天子臨
御多年　耄期而不聞解勌　大漸而從容審訓　綴
衣當出庭之日　冕服無憑几之容　兢兢業業欽始
欽終非　聖人其孰能之
世祖御宇之五年魏文毅公疏言少而勤學古人比之日
出之光宜及時肇舉經筵日講以隆治本八年二月
世祖親政公又言深居高拱不如詢訪儒臣批答詳

明不若親承顏色故事有朔望之期有早朝晚朝內朝
外朝今俱不能如往制請一月三朝以副勵精圖治至
意自是定逢五視朝之制
康熙辛未總兵官蔡元疏請修築邊牆　上初命閣臣
集九卿於闕門外面詢可否以聞羣臣未及對　上
復召大學士諭曰朕思衆志成城豈在邊牆諸臣叩首
曰大哉王言臣等見不及此也所請遂不準行
嘉慶十八年巨逆林清以七十七人入　禁門既殄定
有議築　圓明園宮牆高厚者有議增　圓明園兵額

者高郵王文簡公意非之具摺上　睿皇帝大動容
召對良久乃罷　諭軍機大臣曰王引之乃能言人
之所不敢言其奏牘何語海內迄今弗知而公之風旨
可見矣
國初奠定區宇所剗除諸逆寇皆嘗僭竊大號鑄錢文如鄭
成功僭號常平孫可望僭號興朝吳三桂僭號利用耿
精忠僭號裕民迄西土酋王耀祖僭號大慶蠻睫螳輪
竟非全無大志者錄之以見　眞人埽除之難元勛
櫛沐之苦詳錢侗建元類聚考跋　按殘明魯王監越鑄大明通寶錢

定例外戚推恩　皇太后　皇后之父　特封
一等公殁者追贈其子孫世襲罔替如非　適后及
誕聖推恩所封之爵承襲時請　旨若
先師後裔衍聖公由巡撫疏請以本支適長子承襲明
朝後裔延恩侯由該旗具奏承襲咨部凡世爵之姓氏
及承襲之子孫均彙書於　皇册歲終合計承襲若
干人由部奏　聞移內務府將　皇册送至保和
殿會同內閣增注襲以錦囊藏以金匱足徵酬庸展恩
崇德恤後其典至隆且厚矣

高陽相國李文勤公霨以康熙二十三年薨於位四十九年　上追念勳勞　特旨李霨任大學士時始終恪慎懋著勤勞其孫工部主事李敏啟可超擢太常寺少卿以示優禮舊臣至意按主事之於常少僅越一階而有堂司之別大臣子孫叨竊餘蔭京官至郎中外官至知府寵榮極已況事隔二十餘年　君臣恩誼猶復惓惓如斯伊古明良不數遘也

聖祖幸索爾哈濟時喇里達頭人進青翅蝴蝶一雙謂能捕鳥又彩鷂一架謂能擊虎者　上命侍衛毋納厚

賞其人而還之　聖天子不寶遠物如此
太祖高皇帝天命七年建東京於遼陽十年自東京遷於
瀋陽　太宗天聰五年尊爲　盛京　世祖入關
定鼎因明都順天府之舊稱爲京師營豐宮□琱締構艱
難億萬年不拔之基也
世祖幸南苑夜閲明孝宗實錄有召對兵部尚書劉大夏
都御史戴珊事　心喜曰朕所用何遽不若珊大夏明
日宣梁尚書清標魏文毅詣　行幄備顧問
聖祖天亶右文凡耆儒碩學名山著書者其姓氏多達

膚聽一日李文貞奉獨對 上偶問今時夷退之
士文貞以宣城梅文鼎關中李容河南張沐對 上
親筆記之御箋屢語廷臣嘉歎特至中外聞風因號文
鼎等爲海內三隱

宣城梅瑴成泰州陳厚耀同直上書房正定算學諸書
聖祖嘗召厚耀於 便殿問測景使何法厚耀不知
上寫西人定位法開方法虛擬法示之又 命
至御座旁隨意作兩點 上自用規尺畫圖即得相
去幾何之法瑴成直 蒙養齋 上亦授以借根方

法論之曰西洋人名此書爲阿爾熱八達譯言東來法也 幾餘召對時有指授自後二人之學彌益精邃數成由進士官至總憲謚文穆厚耀以教授超授編修官至左諭德研覃微學授自 聖人討論祕書遂成不朽之盛業其爲榮幸豈有倫比與

翰林院掌院學士滿漢各一人掌 國史圖籍制誥文章侍讀學士侍講學士侍讀侍講均滿漢各三人修撰編檢無定員掌撰述編輯纂直 經幄凡恭纂 實錄 聖訓以掌院書士充副總裁讀講學士以下

充纂修官恭修　玉牒及各館編輯諸書以修撰
編檢充纂修官　皇帝御殿掌院學士於　殿左門
外侍班班在閣臣之外　御門編檢四人於　乾清
門右階下侍班班在科道之上　駐蹕圓明園掌院
學士於直班日以編檢十人更番引　見亦曰侍班
其入直　南書房者並由　特簡典簿滿漢各一人
掌文移孔目滿漢各一人掌圖籍待詔滿漢各一人掌
校對章疏文史筆帖式四十四人掌繕書繙譯惟庶吉
士入館肄業不任以事掌院學士以其名單送內閣分

讀清漢書
詹事少詹事掌經史文章與翰林院學士同庶子中允贊
善無分左右掌記注纂修與翰林院讀講編檢同洗馬
掌經籍圖書主簿掌文移凡奉　旨下六部九卿會
議諸政及驗看月選官秋審朝審詹事少詹事均入班
同其祭酌焉
官數唐虞六十員夏一百二十員殷二百四十員而通典
載周內外官六萬三千六百七十五員案周時疆域狹
小豈設冗員如此之多以　國朝而論幅員至龍沙

雁海之圖人民有億滙萬毳之衆以道光三十年稽古建官而計之文職京官自大學士至筆帖式共二千三百六十九員戶工差務共三十六員外官自督撫至從未共八千九百四十七員武職京官自領侍衛內大臣至鑾儀尉八百三十二員都統總管至驍騎校二千七百九十五員佐領一千一百十一員外官自將軍至礮手水手官共二千八百四十八員自提督至把總共七千四百七十員核算京外文武僅二萬六千三百五十五員以此印證則通典載周有六萬三千六百七十五

員者不免舛誤也
定例燕筵滿席分六等漢席分上中下三等　萬壽
聖節及元旦　賜一等燕筵　皇子成婚公主下嫁
二等燕筵　賜福晉父母額駙父母用三等燕筵除
夕　賜下嫁外藩公主蒙古王公台吉用四等燕筵
朝鮮及達賴喇嘛貢使用五等燕筵　御經筵講書
衍聖公來朝安南琉球暹羅緬甸蘇祿西洋南掌諸國
貢使用六等燕筵均滿席文武會試出闈入闈正副考
官知貢舉上席同考官監試御史提調中席　文武進士恩榮

燕會武燕同內外收掌及禮部光祿寺鴻臚寺太醫院各派
執事官下席均漢席由光祿寺大官珍饈掌醢三署供
具凡支應銀數按月題銷歲終彙奏浮冒侵蝕者論
定例典守光祿寺司庫收存金器銀器及銅器之屬大官
署收存凡席薦墊之屬珍饈署收存瓷器錫器及龍旗
御仗之屬良醞署收存瓮甑勺箸碾碓之屬凡飲食物
品設黃册房選滿漢官專司綜覈
定例紫禁城內外重地除參領佐領散秩官以及護軍校
驍騎校分班直宿外鑾儀衛校尉別立班次者曰防範

兵專司戒火又送葬者禁止正朝門夏日至祭
北郊春秋祀　東西郊臨期朝陽阜成安定諸門禁
亦如之
定例漢文武官正一品廕生以員外郎治中用從一品門
主事用由尚書都察院總督以員外郎用正二品以主事都察院經歷
京府通判用由侍郎巡撫廕者內用專以主事選從二品以光祿寺署正
大理寺寺副用正三品以中書科中書大理寺評事太
常寺主簿博士通政使司經歷用從三品以光祿寺典
簿鑾儀衛經歷詹事府主簿京府經歷用四品官廕貢

監其奉　旨外用者正一品廕生以同知用從一品以知州用二品以通判三品以知縣用又殉節者三品以上廕知州四品以下廕知縣布按首領及佐雜官六七品者廕縣丞八九品者廕主簿未入流廕吏目漢軍同與滿洲所廕異凡廕生到部奏請　命大臣考取入選者引　見以京外官錄用竢　欽定後照例銓選文理荒謬者回籍讀書三年再試有嫻武藝願就武員者咨兵部

順天府府尹即古京兆府之遺我　朝三品官印皆用銅

順天府尹獨用銀雍正元年　特簡大臣兼理較之
部院堂上官尤清要也蔚州魏敏果公象樞尹京兆時
嘗自署一額書我愧包公四字自後秦公小峴遂於署
廳中榜曰知愧堂又撰知愧堂記引敏果事以自勵焉
我朝　列聖家法念切民天偶遇亢暘輒先期竭誠
祈請順治康熙間皆嘗步禱　郊壇乞致屢豐之
慶　純皇帝稽古定制　特命禮臣議常雩大雩
典禮以昭至敬乾隆九年定議後每遇雨澤稍愆有禱
輒應二十四年自春徂夏望雨甚殷　聖心宵旰靡

甯親製祭文行大雩禮先期虔齋祀日不作樂不除道不乘輦不設鹵簿雨冠素服由齋宮步禱　圜丘甘霖立沛秀麥滋生仰見　純皇帝爲民請命至誠感天矣

國初以知縣俸滿行取即得考選科道康熙四十一年御史黃秉中疏言科道官由滿洲漢軍陞補者大抵積俸二十餘年漢人一爲知縣三年即選科道殊覺太驟請嗣後行取知縣先以六部主事用俟練習有年始許考選下九卿議行

本朝　列聖初元靡不下　詔求言虛己容納道光
三十年　文宗即阼曾文正呂文節賢基方爲侍
郎倭文忠張文毅芾方爲大理卿尤能言國家大體特
蒙　褒答同治之初時事日艱凡廷臣抗疏論兵
兩宮皇太后輒下諸大帥備行間採用即疏遜如
貴州諸生黎庶昌江蘇監生周同穀條陳時事　諭
旨亦稱其不爲無見令疆臣酌籌辦理庶昌並蒙
恩以知縣用發曾營差遣狂言聖擇芻菲無遺　實
錄中興實資羣策

康熙間嘉定布衣孫致彌以都尉耿某薦　特旨賜三品服充朝鮮採詩使美除清秩亙古無儷士論榮之戊辰入詞苑旋罣議起用至翰林學士

故事翰林院掌院學士為專缺康熙五十六年正月左都御史及掌院皆缺員吏部兩疏入奏　上曰是當以不畏人學問優者兼任之遂　特命徐元夢為左都御史兼掌院學士

雍正間耗羨歸公定直省各官養廉由　世宗之獨睿斷因時制宜而其端則發於山西巡撫諾岷布政

司高成齡蓋先是州縣徵收火耗藉資日用上司所需取給州縣不無貪吏藉口上司容隱之弊雍正二年諾岷請將山西一年所得耗銀提解司庫除抵補無著虧空外分給各官養廉而成齡復請倣山西例通行直省

上以剔除弊竇必更定良法耗羨必宜歸公養廉須有定額　詔總理王大臣九卿會議會各省皆望風奏請議遂定使嗣後爲民牧者恪守成規不於耗羨外更加耗羨諾岷與成齡洵一言利溥矣

顏中丞希深乾隆時官平度知州于役省垣州遭大水城

不沒者數版災民嗷嗷流冗載道太夫人聞而惻然命發倉粟盡數賑饑民賴以甦大吏以擅動倉穀劾罷中丞官　上覽疏大怒曰有此賢母好官爲國爲民宜保反劾何以示勸立　擢知府並　賜其母三品封天下翕然頌　聖天子如天如神焉顏後官至巡撫子檢由拔貢官直隸總督孫伯燾由翰林官閩浙總督固由遭際　唐虞重循卓而奬賢明母子獲膺異數而太夫人仁慈果決如此其澤物型家推類可想宜乎子孫以節鉞爲傳家故物也語云活千人者必封誠不誣

已
福建例貢荔枝道光元年經 顏制軍檢奏罷昔宋洛陽相
公猶以貢進牡丹招同時詩人譏刺若制軍乃不愧忠
孝家矣見福州府志
盛京內務府尊藏 典訓宗器二百餘年寶守維謹屢有
增加茲照光緒元年以前內府案卷敬謹著錄俾萬世
臣民知我 列聖顯謨承烈永奠洪基於發祥剏
業之區尤爲鄭重視周荒邠館漢設新豐不啻相去萬
萬也按 敬典閣上層供奉 九代聖容凡九箱

行樂圖四箱每歲春秋二分由陪京大臣恭晾
太廟供奉　冊寶凡五十八分　敬典閣中層
尊藏　玉牒黃檔紅檔凡二百四十包　寶十顆
敬典閣下層尊藏・玉牒黃檔紅檔凡六十包　崇
謨閣尊藏　實錄一千四百零三包　聖訓三百一
十六包老檔十四包　實錄圖一匣又恭存　列
祖　列宗所遺　御用鞍轡弓箭腰刀鎗劍櫜
鞬　高宗純皇帝御用朝冠朝珠朝帶袍褂鞍轡弓
箭槍劍腰刀櫜鞬甲冑　仁宗睿皇帝御用朝冠朝

珠朝帶袍御鞍轡槍劍弓箭　宣宗成皇帝御筆字
掛屏鞍轡威禽槍木桿槍小刀子火鐮火紙筒　文
宗顯皇帝御用鞍一副籐鞭一把撒袋一副弓四張箭
三十六枝以及各　宮殿陳設一切金玉銅瓷物件
金鏤金條書籍字畫册頁並　文淵閣收存各書籍每
值大員更替按照印册查點一次專疏奏聞蓋慎重如
此
盛京　清甯宮藏　文皇帝時糠燈　崇謨閣藏
高皇帝舊履以牛皮為之舄護以綠皮雲頭又

有　先朝所持拄杖皆白木本質制尤樸素
祖宗開創疆土備極艱勞是數物者蓋公劉之鞞琫容
刀非劉宋之葛燈繩拂也
七閣藏書在奉天者曰文溯敬按　太宗文皇帝統師
入關嘗釋奠於盛京文廟即立文館築翔鳳閣以譯書
史實陪京文溯之先聲也今日詞臣詢以七閣規模其
闒茸者至不能舉淵瀾津溯之目豈復知巍然傑閣有
以翔鳳　命名者爲我　朝文明肇始之基耶
定例凡隊舞　殿廷燕饗有揚烈舞喜起舞合稱慶隆舞

盛京稱世德舞凱旋　賜燕稱德勝舞又有朝鮮
國俳舞瓦爾喀部樂舞擲倒伎舞繩伎舞元日燕羣臣
於　太和殿歲除燕外藩於　保和殿元宵於　禁苑
諸舞備舉
本朝歲暮將祭享選內大臣打莽式例演習於禮曹其氣
象發揚蹈厲蓋公廷萬舞之變態也王公貴戚於新正
競引之以相戲樂其態婉孌柔媚或令婦女爲之此又
莽式之一變耳
禁中冬月打滑撻先汲水澆成冰山高三四丈瑩滑無比

使勇健者着帶毛猪皮履其滑更甚從頂上一直挺而
下以到地不仆者為勝
列聖巡幸木蘭蒙古諸台吉及四十八部盟長例於出哨
之後恭進筵宴習武合歡有所謂塞宴四事者扈從諸
臣多有賦詠一曰詐馬選六七歲以上幼孩文衣錦襮
銜尾騰驤散鬣結鬉不施鞍轡而追風逐電馳驟自如
別樹大纛於數里外先至者受上賞餘亦　恩賚有
差一曰什榜番樂也蕢桴葦籥頗有上古遺音酒半名
王上公更迭獻技其聲容制度與中土之笙鏞簫管絕

殊而佅𩋍佅僸亦復自有節奏一曰布庫相撲爲戲也徒手搏擊分曹角力伺隙蹈瑕不專恃匹夫之勇勝者有卮酒羊臛之　賜立飲無算或曰　聖祖之擒鼇拜先令閣童習此也一曰教駣馴名馬也凡達駻之産初入牧羣不受羈鞚者藩王子弟輒執長竿攜綵索或躍而登或超而過磬控酣呼疾如風雨必使調良馴習而後已逸羣奔踶馭之者愈衆剽悍神勇頗爲壯觀蓋我　先皇綏輯外藩於游歌泮奐之埸不忘武備也

員外郎內用九階方得四品故有九轉丹成之號謂員外

郎中御史掌道給事中掌科焉少光少通參也比年京曹沈滯竟有徧歷九階者

文和尚名果字園公衡山先生之後　聖祖南巡適見之命入京師居玉泉精舍　寵眷殊厚和尚一日攜其孫見　上問何事來此奏曰來應舉　上曰應舉即不應來見　聖主防微杜漸安可以非分希望恩澤耶

乾隆七年戶部侍郎三德疏言親蠶典禮與親耕並重前代制度未備　皇上敕建先蠶壇爲曠世鉅儀請將

建壇址宮殿規制及興工告成日期　宣付史館以光
盛典　詔從之
定例漢官丁憂及承重者以聞訃日始解任回籍守制不
計閏二十七月服闋以原官起用其匿喪短喪及揑飾
規避遲延者皆議處凡旋里除因喪葬與人往來外如
有更易服干謁地方官併送禮赴席者指名題參補官
日降三級調用近有回籍守制而不安分者夤緣地方
官盤踞局務於鄉黨閃爍報復甚至廟中死丐路傍僵
屍亦視爲奇貨究竟該輩利令智昏不知定例有如此

森嚴也

定例運解京餉除陝甘川滇黔全支本省經費外此以乾隆十八年部冊而計之近年皆運解餘皆運解由布政使司具批文二一串部一串科計程限日抵京直隸省不立限山東西河南以六十日兩江兩湖浙江以八十日閩粵以百日過期者劾部定三日校數無闕以實收自下申牒日批支自上給單日實收及原批支發解官齎赴戶科驗畢回繳布政使司為信起運時計程給脚費每櫝給扃鐍費銀有改煎給耗費所經大道給車馬費僻徑給擔夫費督撫飭弁兵防護給旅費沿

途稽覈防護疏失者論

乾嘉間海船製造有禁令凡商漁各戶由地方官取其族里保結果屬殷實良善始許製造給以執照凡桅檣雙單船梁丈尺及在船人數各限以制於執照內登注又油漆桅檣以編號書該商漁姓名各異其色江蘇青質白書浙江白質綠書福建綠質朱書廣東青質青書以昭識別而備口岸稽察自海禁宏開紛紛改乘輪舟禁令不廢而自廢也

同治三年夏克復金陵御史陳廷經條陳善後事宜內有

請江南北分省等語　上命兩江總督曾公國藩查覆曾公具奏蘇皖未分之時跨江淮而爲省古人經畫疆里具有深意我朝　聖君賢相未嘗輕議更張若必畫江而分南北兩省則亦宜畫淮而分南北兩界淮北如蘇之徐州皖之潁州則割隸何省乎唐之十道宋之十五路其於江南江北皆截然分而爲二與該御史之具奏大旨略同然唐自中興以後聲教不行於河北宋自中興以後號令不行於江北畫疆太明未必果能久要論形勢控扼之道守江南者必須先固淮甸棄淮

則江南不可保昔人如吳師道胡安國楊萬里暨趙汸葉適言之詳矣似此大政區區愚見不必輕改成憲云云案江南江北呼吸相通緩急相應非如兩湖兩廣勢難兼顧何必於兵燹後驟議更張而勞民傷財耶況地方興廢在乎大吏之賢與不賢豈在乎大江之分與不分大吏苟賢則雖跨江跨淮而無損於軍事吏治之興大吏苟不賢則雖分江分域而無補於軍事吏治之廢矣

倭相國仁等請以同治三年六月前各處軍需概免冊報

自七月初一日起事竣後一體請銷疏略有云其造冊按例定之數不溢一絲而陰將款目浮開鉅萬者與例既符即在准銷之列其以實用之數登之銷冊而并無絲毫浮冒者例稍未符即難核准然則報銷一事即能弊絕風清而實數不准銷准銷非實數虛文相襲甚無謂也云云實數不准銷三語確切時下虛文之病片言足抵千百

胡文忠密陳河南捻匪情形一疏有云計近二年來每年春仲秋季兩次出巢大掠河南本年秋冬將及湖北之

襄陽漢陽德安等府又必擾入陝西山東山西等省再
一二年騷騷而及於附畿州縣矣腹心之患此爲最大
又云臣非僅爲襄漢等府作自保之計爲憂危之詞也
臣極知所言越分特以臣今日言之已無救於河南臣
再默而不言則五省均將受害使臣言而不中則固北
路五省之福也等語第就河南而推論之全局在掌料
事如神僅以知人目公猶淺也

國朝軍機處爲内外用人行政之樞紐恭親王奕訢大學
士寶鋆入直最久匡弼最多而光緒甲申因法人意圖

越南邊防吃緊言官或奏其壅蔽或劾其委靡奉
慈禧皇太后懿旨恭親王開去一切差使寶鋆原品
休致誠恐王大臣貽誤愈深則獲咎愈重是以曲示矜
全從輕予譴不因尋常一眚之微小臣一疏之劾遽將
親藩大僚投閒罷官也足見　國朝家法綦嚴如此

皇朝瑣屑錄卷四終

皇朝瑣屑錄卷五

嘉州 鍾 琦 泊農

掌故二十七則

孝賢純皇后富察氏文忠公姊也性慈儉正位中宮十三載未嘗佩服珠翠向例宮中多用金銀絲素緝成荷包后以爲暴殄歲時進呈 純皇帝惟以鹿羔氋毯緝爲佩囊蓋仿 先世關外之製以寓不忘本之意 上深加敬愛故文忠父子蒙被 恩寵視他戚畹篤摯且久也

榮恪郡王綿億榮純親王子也純王少聰邁嫻習騎射國語 高宗極鍾愛焉純王早薨而王又孱弱 睿皇帝因令行走 乾清門以習勞勩然其疾終不愈也自幼喜讀書朗誦經史如瓶瀉水周秦諸子亦能背誦不遺遇大節尤侃侃嘉慶癸酉之變王方扈從聞變泣然因請獨對勸 上速回京師以維人心 仁宗首肯即日 迴鑾自此益重視王嘗曰朕諸姪中惟綿億骨肉之情尤篤也逾年王以勞瘵卒不起 上甚悼之

乾隆朝三文敬公保以繙繹進士出身歷任封圻入拜東閣大學士公性愚闇不悉吏事在外不飭簠簋時人比之李昭信而庸劣過之然幼讀宋儒書大節不苟癸未夏　純皇帝巡幸承德府公時任直隸按察使扈從至密雲霖雨數日河水暴漲　上欲乘騎渡河公叩馬諫曰千金之子坐不垂堂况萬乘至尊豈可輕試波濤使　御騶有失何可追悔　上以滿州舊俗宜親習勞勩以揚武勇爲言公曰　皇上此行奉太后乘輿同至郎使　上渡河平善獨不識

慈輿何恃以濟　上動容爲之回轡又督浙閩時
浙撫王亶望旣丁艱自以督辦海塘爲言奪情視事亦
不遣眷屬回籍公惡其蔑倫密疏劾之王因此獲罪公
嘗爲　上書房總師傅手集古今儲貳之事曰春華
集覽教習諸皇子詞雖弁陋爲成親王所譏然不失師
保之體故卒後　特賜謚文敬蓋取責難於君之義
也右見禮親王綿槤嘯亭雜錄王爲公女壻其褒貶當
不謬云
雍正中滿洲副都御史缺出　憲皇帝命九卿密保舉

文端公奏許希孔忠直可任上曰彼漢人礙於資格對
曰風憲衙門爲百僚丰采臣爲　朝廷得人不暇分
滿漢也　上可其言踰年始調漢缺
高宗御筆偶仿李廸雞雛待飼圖墨刻　頒賜直省督
撫並　諭廣爲摹刻徧及藩臬以下有司各官俾知
留心民瘼勉奏循良　聖天子深居高拱雖游藝餘
閒而誠求保赤之懷寓諸楮墨凡爲　本朝臣子有牧
民之責者念之哉按孟子有受人牛羊求牧與芻之喻
宋儒黃勉齋先生宰臨川時有云邑民猶雞雛也令其

母也　聖意蓋卽本此
本年晉豫奇荒畿輔亢旱　朝廷議蠲議賑大沛恩施
下詔責躬至於天降鞠凶何不移於宫廷之語二月初
五日　諭內務府將宫闈應用之需力加裁減省節
浮費以益賑需聞近日　兩宫皇太后率　皇
上露禱長跽至三四時之久仰望星月皎然至於慟哭
舊例祈雨疏文由翰林院撰擬此次特　命南書房
恭進辭語迫切幾踰桑林之禱具名稱臣某某氏某某
氏率子男某某亦創舉也　南齋擬進稱妾臣我御筆去妾字

聖母敬天恤民側身脩行如此眞乃女中堯舜內外臣工若復因循泄沓上擴天和何以自容於覆幬與（時光緒四年戊寅）

道光乙巳入夏久旱　上朝考新進士以恐懼修省以迓和甘疏命題翼日閱卷諸臣復　命僉曰　皇上憂勤惕厲情見乎辭甘霖當立沛矣　宣宗愀然曰應天以實不以文朕出題後方自悔近於粉飾卿等勿復言

令甲凡月選官吏部給卷許條陳時政得失無所指陳者

各攤卷書履歷以上蓋古懸鞀設鐸意也今選人多踧踖循故事並履歷亦鮮親書頃閱蔡文勤公集記康熙間漳浦藍鼎元授廣東潮州普甯縣時獨奮筆上五千言奏陳五事　天子下其議多見施行亦豪傑之士矣

乾隆間　上方將南巡時浙藩徐澍調補山東　陛覲日奏湖州山水清遠請　翠華臨幸得　旨回浙辦理徐抵任先闢城南碧浪湖大興工役一日召問武進相國程景伊對以湖州春季蠶忙恐妨民事立奏

停止之　詔徐仍調山左雖由仁言利溥益見
聖德如天吳越士民至今稱頌見程文恭公傳
坊局官僚升轉定例洗馬名次講讀後長沙劉文恪公權
之官洗馬十六年而後遷時稱老馬嘉慶初載尚書聯
奎擢此官　召對垂問資俸截以實告始奉與講讀
諸臣一體較俸之　諭由是洗馬無久淹者見蕉餘偶
筆按諺有一洗萬古之謔蓋取杜句嘲之以見升遷遲
鈍也殆嘉慶以前舊語又按京官諺語一洗萬古與大
業千秋並稱蓋謂司業升階與洗馬同一濡滯故詞臣

均視爲畏途

費武襄公揚古勳業豐隆平噶爾丹功第一其膽識正大不可及嘗從　聖祖皇帝之番僧寺番僧中號爲活佛者見　上傲睨不爲禮公即揮刃斬之　上尤其魯莽公徐奏曰番僧雖貴亦人臣也豈可使無禮於君前亂我國法使有異術臣抽刃時應早令伽藍按捺不延頸就戮矣扈從者爭服其言自此番僧見

大皇帝彌益恭順見嘯亭雜錄

順治七年九年　恩詔以前封爵均世襲罔替其

詔後軍功封爵除奉　特旨世襲罔替外其餘自雲騎尉襲一次遞加至一等公襲二十六次二等公襲二十五次三等公襲二十四次一等侯襲二十二次一等侯兼一雲騎尉者襲二十三次二等侯襲二十一次三等侯襲二十次一等伯襲十八次一等伯兼一雲騎尉者襲十九次二等伯襲十七次三等伯襲十六次一等子襲十四次一等子兼一雲騎尉者襲十五次二等子襲十三次三等子襲十二次一等男襲十次一等男兼一雲騎尉者襲十一次二等男襲九次三等男襲八次一等輕車都尉襲六次一等輕車都尉兼一雲騎尉者襲七次二等輕車都尉襲五

次三等輕車都尉襲四次騎都尉襲二次騎都尉兼一雲騎尉者襲三次雲騎尉襲一次凡授封爵自雲騎尉始如雲騎尉加一雲騎尉合爲騎都尉如騎都尉再加一雲騎尉爲三等輕車都尉以此類推積雲騎尉二十有六爲一等公

國朝定鼎以來凡忠誠宣力懋建軍功膺授封爵者其等有九至於恩騎尉者　純皇帝因念陣亡襲次已畢始授恩騎尉令其世襲罔替策勳封爵爰及苗裔眞河山共永矣

道光二十三年禮部奏請浙江海鹽縣白沃廟神漢順帝時縣令史姓生有惠政後人立廟祀之道光二十二年

四月乍浦失守有白夷率黨乘馬其馬乃掠之中國人者將犯海鹽行抵白沃廟前忽顛酋墮酋故趫捷再騰上再墮酋大怒將復起馬亟反身踞酋腹舉前蹄擊酋酋有腰刀露出自戳傷致斃馬乃狂奔羣酋駭潰海鹽獲全人民以廟神異應請列入祀典官爲致祭云奉　旨允行在案又英夷踞甯波掠耕牛爲糧一酋方屠牛忽一牛突起角出酋肝腸血淥淥倒地羣酋奔救皆受創十餘輩莫能制乃列陣排火槍牛始死錢唐戴文節公熙習苦齋集記其詳稱之曰國畜題之曰二忠嗚呼誠不媿

已凡物同類者必相暱異類者必相仇相暱者媚之惟恐其不懽相仇者殘之惟恐其不力是一馬一牛觸犬羊之腥羶不能須臾暫忍必出死力與之爭衡雖戴角披毛殆蚤具人性者與

乾隆癸丑西洋暎咭唎國使當引對自陳不習拜跪強之止屈一膝及至　殿上不覺雙跪俯伏故管侍御韞山堂詩有一到　殿廷齊膝地　天威能使萬心降之句憶　穆宗親政後泰西各國使臣咸請覲見先自言用西禮折腰者三不習中國拜跪通商衙門諸

大臣曲意從之惜無舉前事以相詰責者
今泰西各國使臣與中國諸公卿宴會席間必有祝詞以
堅和好大約互褒其主兼及其臣不外禎祥福壽之語
按此風唐代已然郭令公與回紇誓曰大唐天子萬歲
回紇可汗亦萬歲兩國將相亦萬歲此其濫觴也見郎
潛紀聞
英吉利開闢印度十三部惟孟阿臘廣產鴉片查澳門月
報印度鴉片於道光十六年運至中國二萬箱有奇每
箱載兩滿每滿重六十七棒每棒當中國之十二兩計

每箱合中國稱百斤有半斤其價自一千三百魯卑至一千五百魯卑不等每一魯卑值番銀一員每箱約值銀七百員上下不等該地每年徵鴉片稅多於田賦解英吉利銀三百一十九萬五千員連存留印度以及軍餉官祿銀一千萬員而中國茶每年出口七千餘萬棒與鴉片貿易可以相抵近年英人於阿山栽茶種樹中國各地亦栽種鴉片將來中國不能獨擅茶利英人不能長徵鴉片之稅然彼雖失鴉片之稅尚得茶利仍無損而有益我既失茶利反得鴉片之害是無益而有損

矣按鴉片煙能益神氣徹夜無倦色然越數日吸之無
大害若連朝不輟至數月後則侵入脾肺每日非如期
吸之則涕淚交横手足痿頓不能舉俗呼爲癮案癮字
誤癮疹也此證乃痰飲是飲食之飲夫濁者爲痰清者
爲飲又素問嗜物成癖曰飲書有明徵非創論也治斯
證者總以滌飲化痰爲主道光十八年鴻臚寺卿黄爵
滋疏請嚴禁鴉片煙以塞漏卮吸食者治以死罪
命下中外各大臣議奏兩湖總督林則徐奏言鴉片流
毒已甚非難於革飲而難於革心欲革玩法之心安得

不立怵心之法況行法在一年以後議法在一年以前轉移之機正繫於此遂擬章程六條一收繳煙具以絶饞根一各省於定議後出示分一年爲四限遞加罪名以免觀望一加重開館興販及製造煙具罪名一失察處分先嚴於所近一令地保甲長查起煙土煙膏煙具庇匿者罪同正犯一豫講審斷之法云云林公欲杜其弊而截其流必直省諸臣盡如公此法乃不爲贅設否則爲民除害反以生害爲國除蠹反以滋蠹也

鴉片毒流中國較之砒鴆尤甚然世死於砒鴆千萬人而

一耳若吸食鴉片者病於飲而死興販者罹於法而亦死是死於鴉片者幾於十人而一是以　宣宗成皇帝乾綱獨斷力除錮弊道光十八年十一月特頒欽差大臣關防命林則徐赴粵嚴辦　欽差移咨海關監督豫堃將黃浦各船戶封艙停其貿易勒限該國領事官義律所存鴉片全行入官共收鴉片二萬二百八十三箱又二千一百一十九袋查每箱裝整土四十箇每箇約重三斤每箱應重一百二十斤每袋衡以斤兩亦無二致至夷目喳噸咉噸弟兄咉呀哋咺叵呀哋

咺皆嗟嚬之甥一併驅逐自十九年正月至五月十八日止督率廣東各州縣弋獲煎熬吸食人犯一千七百九十二名搜出煙土煙膏四十八萬五千一百二十兩陸續撈得煙土煙膏五百八十兩當查辦喫緊亦有怵心悔禍者呈繳煙土煙膏十七萬四千二十七兩

欽差飭各州縣解省同督撫驗明帶領兵役由濠道車水入池撒鹽成滷先將英吉利入官鴉片投入滷中泡浸半日再將整塊燒透石灰拋下頃刻遂如湯沸不爨自燃復雇人夫執鏟鋤木爬往來翻截使其顆粒悉化

至退潮時候啟放涵洞隨波送出大洋並用清水刷洗池底不任涓滴留餘每日銷化千百箱所收所繳煙土煙膏亦如法泡製至二月完竣當其銷鎔之際膿烟上湧渣滓下沉臭穢薰騰不可嚮邇予聞老人言此物能蠱人心志促人年壽槁人形骸者蓋製造時加有砒石所以性硬而氣猛非僅如內地栽種罌粟刮漿熬膏而已也自銷化後雲南煙土其價翔貴每百兩在川地售銀一百三十兩各省亦禁革而貪吏奸胥凡搜出煙土煙膏有自行吹吸過多則變賣以入囊橐者有賄放正

犯眞贓而以從犯假贓報獲者有獲時明係眞贓而侵吞偷換解時變作假贓者有輕聽書差蔓引株連而嚴刑羅織者盖　朝廷頒一仁政有司即增一利藪有司增一利藪小民即多一死法矣又吸食鴉片者以其槍爲性命緣新槍不能過飲必須平素用熟有煙油入漬其中者方能適口故精緻華麗之槍有値百十金甚至父子兄弟不相假其陷溺之深如是　欽差意欲斷其飲先去其槍故在湖廣搜獲槍二千三百六十四桿煙鍋二百口在粵東搜獲槍四萬四千二百二十桿煙

鍋二百四十八口撈獲槍二百四十三桿煙鍋一口又民間首繳槍二萬六千零五十桿煙鍋三百一十六口同督撫驗明始用刀劈繼用火焚其有餘膏殘瀝者拌以桐油石灰再行燒透投入江心盡絶根株不然吹吸之輩饞吻重張且恐外夷窺伺錯綱之疎仍肆浸淫之計也

澳門在廣州府香山縣之東南距縣一百三十五里東西南三面環海惟北面陸路可達縣城自縣城至前山寨一百二十里設有同知暨都司駐劄再迤南十五里建

有關牐派兵防守為扼吭拊背要區出關牐即入澳門
境溯自前明許西夷寄住歲輸地租銀五百兩由香山
縣徵收西夷在澳門修葺樓閣棟宇相望其房屋除西
夷自住外餘皆賃租别國夷人查西夷挈眷而居澳門
歷今三百餘年踐土食毛幾與華民無異道光十九年
因焚燬鴉片英吉利領事義律在澳門勾串漢奸内外
織索潛通　欽差仿照編查保甲之法委予族兄漁
門司馬會同西夷頭目嗷嚧嗎哋吵編查澳門戶口計
華民一千七百七十二戶男女七千零三十三丁口西

夷七百二十戶男女五千六百一十二丁口英吉利國
僦居夷人五十七戶義律將五十七戶悉行遷避寄住
尖沙嘴貨船七月二十七日率夷兵竄九龍山礮彈紛
集參將賴恩爵用網紗遮護奮力對擊約五時之久夷
船始遁回
道光十九年順天府府尹曾望顏疏請無論何國概絕通
商大小漁船概禁出洋　欽差林則徐遵議奏言自
斷噗夷貿易後他國夷商喜此盈而彼絀當以夷制夷
使相間相睽若概與之絕轉恐聯爲一氣且廣東人民

多以海爲生若概禁出洋則勢不可以終日擬令漁人出洋止許帶一日之糧云云按行兵之道要在先散其黨羽而欲散其黨羽要在安插內地人民不使爲賊所用而後以夷制夷則事省而功易據曾所奏爲淵敺魚之計幸未允行者亦洞鑒此情矣不然豈惟暎夷與我爲敵將使各夷人與我爲敵豈惟各夷人與我爲敵將使內地之漁船蜑戶亦與我爲敵也

道光二十年粵督琦善同　欽差奕山奕經及江督裕謙江撫牛鑑等先後奏參林公則徐謂封疆大吏待外夷

當推誠布公不宜嘗弛欺謾以啟邊釁譬如十八年禁革煙土林則徐密遣某知府出城誘夷目義律全繳無隱狡償而償之迨將義律煙土誆入省城概付秦炬而義律再三索銀反驅逐至九龍山以致釀成巨禍云云當奉

旨林公降四品京堂旋戍伊犁按欺謾之真僞不可知而排擠則顯然總之林公此舉其心忠其理直惟過於激烈過於憤懣耳其後該夷據我肘腋梗我咽喉皆以焚煙土爲藉口是猶后郈之甲起於鬭鷄吳楚之師由於採桑因小忿而遺大患其間所關有天意

存焉

道光初年市人皆知鴉片煙是大害尚望有蕩垢滌瑕之日自壬寅海禁宏開與英人立約通商後嗜者加二三十倍向所目爲酖毒者朝夕寢食其中子弟習熟見聞以爲常而羞惡之心漸滅盡矣然鄉愚沉溺其父兄痛恨所不能爭者尚望官爲勸懲近來督撫司道嗜者少同通州縣嗜者多（不獨官嗜而太太及其子女無不朝夕長臥如殭屍）則上旣有所歎而不敢發下更何所憚而不敢爲譬人身受病藥石所攻必先其大者由胷腹而指臂乃可以漸奏功官

以表率士民者也士民視爲具文尚可曰無知誤犯耳官則讀書讀律宜兢兢業業乃以豪傑自命者有時墜其中以道學自命者有時亦墜其中甚至農樵擔負婦稚乞丐飢寒困苦顏色憔悴而竟不悔悟者妄意揣度其間關乎氣運雖晨鐘暮鼓不能發其聾振其聵也鄭陶齋觀察盛世危言謂内禁之法有二一曰定限期由各處地方官出示嚴飭吸煙者限四箇月一律報明報明後以一年爲限全行斷絶如逾期未戒官則削秩士則褫衿吏則革役商則罰鍰兵則除名貧賤者則治罪

既經嚴辦倘再怙惡不悛立發遠邊充軍此急以馭之之法也道光十九年林公則徐周公天爵亦如此嚴辦充軍者纍纍幾乎激變其後竟成龍頭蛇尾故嗜者愈衆二曰編籍貫通飭天下將吸煙人戶詳細查明無論官商軍民編成煙籍書差約保必藉此居奇豪强者吸煙而飾爲無殷實者未吸煙而捏爲有也謂之煙民照差役例不准應試不准當兵不准捐納職銜恐彼不願援例而官吏鎖押捐納又奈何不准充當紳士平民不准與婚言之太過其有秀才舉人進士翰林現任官已吸煙者限三年斷絕由族長或同鄉具禀邑令註銷煙籍之名若逾期未戒立即革秩不稍寬假此緩以治之之法

也此公知其一不知其二知其末不知其本天下督撫二十七員未必人人如此公不畏難以苟安不避嫌以贍顧也且庫款支絀每年望洋藥土泥爲大宗共徵銀一千三四百萬兩以應急需倘驟然減除司農何以支持夫人家訓子弟嚴禁吸煙尚不能剗草根株况四海之大六合之廣豈以區區意見而能挽救乎不惟無益適啟官府之苛求兵役之需索約保之訛詐土豪之攘奪而已矣

同治八年七月川督吳公仲宣九年二月甘督左公繼皐並禁種植罌粟以致秦蜀煙價翔貴按英人以洋藥絡續運至中國百十年以來大享其厚利若內地遍栽罌粟不許吸洋藥英人以洋藥通商歲獲中國銀四千萬有奇英人獲利寥寥勢必轉運紛紛今禁種植使漏巵外溢歐洲居奇此皆

未審察時勢者也自禁種植一二年後頗悔此舉爲淵毆魚暗囑官吏弛其令光緒庚寅川督劉公仲良奏請加徵土埿委太守唐公炎雲變通辦理按年可收釐銀百十萬取彼閭閻濟我軍糈不惟宜適時之利用而且免英人之壟斷也

給事中掌傳達　綸音稽考庶政凡中外疏章既上
旨下內閣日以給事中一人詣內閣祇領分致各科備錄　諭旨及原疏發所司奉行豫定注銷日期事涉數衙門者以主稾衙門爲正鈔會稾及應闕白之衙

門爲外鈔謄畢別錄二通敬謹校對鈐蓋印信一送內
閣曰史書一存科道曰錄書歲終還原疏於內閣又給
事中同御史皆許聞風言事　朝政得失民生利弊
大臣徇私毀法不飭簠簋並聽據實陳奏若摭拾瑣屑
及傷治體者不得瀆告
鑾儀衛大臣管　乘輿供奉秩序鹵簿統屬左所各官
二十五員掌輦輅右所各官十四員掌繖蓋弓矢刀槍
殳戟中所各官十五員掌麾氅旛幢纛幟節鉞前所各
官十七員掌扇拂鑪合盂槃几椅及御杖靜鞭後所各

官十四員掌旌旗瓜斧及引杖吾杖馴象所各官十二員掌導象四寶象五及鹵簿鐃歌旗手衛各官十員掌金鉦鼓角　大駕出警入蹕除各官及護軍親軍豹尾兵外所用人役由內務府選充者爲旗尉五城選充者爲民尉共計旗尉四百十四人民尉一千九百五十六人

國朝　皇子定婚先詣福晉家行定親禮於福晉父母前禮三叩諏吉行納采禮計儀物金領約一金耳環六金簪大小各三皆飾珠寶表裏百端棉三百斤貂皮百四十白狐皮

九十雜狐皮百六十以內務府大臣宮殿監督領侍充使賜福晉父母冠服鞍馬金帶釵釧筵燕五十席羊三十六酒五十尊　皇孫婚禮同惟納采儀物筵燕羊酒有差

國朝軍機大臣即唐翰林學士之職軍機章京領頭班即唐承旨之職唐書肅宗至德以後天下用兵制詔皆從中出遴選臣僚爲翰林學士初入直例賜飛龍廄馬元微之詩借騎銀杏葉是也內擇年深德重者爲承旨獨承密命其禁有四曰漏泄曰稽緩曰遺失曰忘誤雙曰

起草隻日宣旨遇有機要則亦雙日繕焉學士每下直出門謂之小三昧出銀臺門乘馬謂之大三昧如佛之去纏縛而得自在也後唐天成三年八月詔學士依入院先後爲班次惟承旨必居班首與　國朝軍機章京無異案近年總理軍機者用親王管理軍機者用郡王軍機大臣五人用大學士尚書侍郎軍機章京滿漢共五十人用府丞部曹得此差者遷缺尤易是亦終南捷徑耳

皇朝瑣屑錄卷五終

皇朝瑣屑錄卷六

嘉州　鍾　琦　泊農

掌故九十四則

乾隆間　純皇帝八十萬壽開千叟宴　詔天下督撫舉八十以上老人能遠行者無論縉紳士庶郵送來京與宴惟釋道只問如何延年不與焉浙撫所舉天台歲貢生齊世南年一百六十一歲曾銓授教職不赴名登部籍確實可稽惟子孫俱歿只有曾元十餘人攜二諸生扶掖進京　召見世南奏對稱　旨

賜國子監祭酒命蒞任三日以作賓授宴期朝衣朝冠
賜坐陛下爲千叟領班龐眉皓首舞蹈彤廷舉觴
上壽　天顔大悅禮成陛辭月　錫之　御
製詩支几杖金帛有差又同時臨海人王世芳年四十
九始入膠庠八十貢成均九十六官遂昌訓導七世一
堂壽終一百十七歲
康熙四十四年　聖祖南巡　御書賜江都縣監
生田士英妻周氏節壽二字眞異數也周氏時年九十
事載江都縣志

定例凡壽民壽婦年登百歲者由本省督撫題請　恩
賞奉　旨給扁建坊以昭人瑞攷乾隆二十六年廣
東南海縣民楊能啟年一百歲其妻黃氏年一百一歲
三十五年安徽太湖縣民朱憲章同妻劉氏年俱一百
歲四十五年安徽亳州縣民陳洪如年一百六歲妻王
氏年一百一歲均蒙　純皇帝御製詩章渥加
寵賚又二十七年山東章邱縣民王欣然年一百三
歲其弟王瑞然年一百歲五十五年山東清平縣民張
玫同弟張珩均年逾百齡亦蒙　特旨旌表夫期頤

上壽振古稀逢至以一家骨肉之親同膺百歲延洪之
算又恭值　高宗純皇帝御宇周甲五世同堂曼
福洪禎　君民同慶則誠　昇平嘉話　壽寓
祥徵書契已還於斯爲盛者也
比年直省督撫奏報壽婦百歲者三家一河南故漕運總
督袁端敏公甲三之母現任戸部侍郎保恆之祖母郭
氏一廣東現任赤谿協副將周鳳山湖北補用副將周
岐山之祖母陳氏一直隸道光戊戌會元王振綱之母
杜氏皆親見七代五世同堂先後奉　特旨褒賞袁

母年九十七王母年九十四皆援遞閏計算之例以百
歲請　旌周母則於同治十年實已馴致百齡矣頃
城之袁繼世名臣直節藎猷著聞中外周氏兄弟從曾
文正公轉戰東南奮力最蚤書勛最多卓然爲中興宿
將振綱學問淵醇性淡榮利主講保定蓮池書院門牆
鼎盛科目傳家畿輔儒流奉爲魁碩以故期頤貞壽適
在鼎鐘閥閱之門豈非　昌明之運　聖孝之徵歟
乾隆五十七年至嘉慶元年各省覲見七代者七十五名
均蒙　賞賜見聶雲峯太史集

同治初年賊擾江右南安戒嚴知府黎兆棠請其母馮氏出城暫避馮氏怒叱之並出簪環犒士命兆棠登陴死守賊攻益急則率鄉兵開城出擊之屢挫狂寇郡城獲全馮氏力也巡撫沈公葆楨以聞得旨旌獎殆不愧古之夫人城矣

順治十年恩詔凡八旗有孝子順孫義夫節婦與漢民孝順義節一體表揚惟漢臣丁憂滿臣不在丁憂之例經御史陳啟泰題奏請行通制從之

明洪武陞集慶爲應天永樂陞北平爲順天嘉靖陞安陸

爲承天　國初陞遼陽爲奉天案遼陽歷代皆建郡
縣明季改置衛祇於遼陽開元設二州　國初設一
府兩縣今新設共計三道五府六州十二廳十六縣所
設戶禮兵刑工五部侍郎猶明季以金陵爲南京也

東華錄國朝　列聖祗謁陵禮　仁宗尤純孝於謁陵視
爲常例較之前明諸帝多不親行謁陵者不啻天淵矣
夏言詩云百年不睹朝陵駕父老懽呼識漢儀可以爲
證

乾隆間　高宗謁　陵中途嚴寒　上屢念二麥

從官以麥宜寒涼對　上因歎爲君之難旋考試差
詩題麥浪得難字時惟李松雲太史堯棟獨得其解詩
中一天新雨露萬頭綠波瀾十字極蒙　宸賞
仁廟親政李已外任陛　見時猶　垂問及之蓋
在　潛邸時奉派讀卷實　手定李卷第一也
文宗登極曾文正公上言請復日講舊典部議格不行次
年咸丰紀元正月遂奉　特旨令翰詹諸臣分日進
呈蓋　文宗皇帝之倚毗文正付以股肱心膂之任
其識拔實始此

向例武職無三年終喪之制康熙間四川提督何傅以憂州副將孫斌詳請回籍守制　上聞疏奏沈痛得旨遂爲定制乾隆二十年江蘇千總傅振邊丁母憂泣請上官求奔喪守制不許則慟哭求去上官不能留時尹文端公督兩江爲之入告蒙　特恩準回籍並著爲例按康熙朝既準武職終喪不知乾隆中傅千總一案何以又煩奏請而至今武營定制參將以下丁憂仍不開缺賈氏郡齋筆乘亦以此爲疑按令甲無數改之理殆因乾隆以後百年內外時有軍務在承平之日

禮順人情郎一介粗官何必强抑其天性若遭遇金革
則雖閣部文員亦有奉 旨奪情之舉何況材官武
夫原爲疆場爪牙之用哉
國朝 王命旗牌自經略軍務至直省督撫提鎮皆 賜
給旗以藍繪爲之方二尺六寸金書令字加以兵部印
牌以木製形圓高一尺二分濶七寸五分厚一寸髹以
硃漆中鐫令字飾以金步軍統領及直省駐防將軍皆
給令箭箭上書金字如其官名綴以黃繪小旗
定例閱選秀女以三年爲率屆期戶部移文各都統飭各

佐領取具族長保結詳覈申都統造册咨送戸部請
旨閲選有故後期及未及歲者竢下次補閲各省駐防
協領等官暨文官同知以下武官游擊以下之女不送
選有隱匿遺漏扶同徇縱者論
定例秀女入選者留　宫至二十五歲遣還擇配不入選
者當遣還凡乳母保姥於各佐領所管內選充仍給賞
別雇乳母以哺乳母之子女又收錄內監由禮部册列
姓名籍貫移內務府總管察其來由無異迺委老年內
監驗實具奏候　旨分撥衰病者欲回籍爲民悉聽

之
大内 帝寢之所爲屋三楹而不並列由第一間而後第二間而後第三間其第三間聖躬宴息處也第二間具箱籠貯衾裯之屬凡召幸宮眷至第一間則盡卸諸裳裸體至第二間取衾裯被身乃進至第三間所謂抱衾與裯也即中宫赴召不敢不遵用此禮
京城内外河道橋牐並 南苑北海 暢春園 圓明園
淸猗園 靜宜園凡苑囿亭臺池沼林麓船塢均由
奉宸苑大臣綜理所屬司官一百九十一員隨時稽察

應補修者卽爲葺治若動帑金至五十兩奏　聞興
工
定例民典旗產支公帑取贖以典後十年爲率十年內納
原價十年外減原價十之一以次案年遞減至五十年
外納半價均令退出還官
國朝太醫院分班侍直給事宫中者曰宫直給事外廷者
曰六直凡御藥本院官定方具奏以藥二劑合煎同近
臣監視候熟分貯二器一器本院官暨近臣次第先嘗
一器進　御定例以春冬祭先醫廟所祀伏羲神農軒

轅配以勾芒祝融風后力牧殿曰景惠

周禮有醫師上士今大醫院院使也中士今左右院判也

下士今　御醫七品用六品冠帶掌九科

國朝乾隆間欽天監監正左右監副滿洲西洋各一人所

用時憲書歲以二月一日進來歲時憲書式四月一日

頒式直省刊刻十月一日恭進　帝　后　妃

嬪　頒賜王大臣又春牛圖順天府歲以六月移欽天

監校歲建干支按五行以辨牛色繪圖繕本進　呈

國朝欽天監遵　欽定歷象考成以推日月交食遵

欽定儀象考成以測星度遵　欽定萬年書以頒
直省憲歷遵　欽定協紀辨方以選擇年月日時又
於京城東南隅設觀象臺以測候每日率天文生十有
五人登臺考儀器凡時以四人分視四方晝夜輪直按
刻記風雷雲氣流星諸象次日報監應奏者按占密題
不應奏者注册
隋志黃帝創漏水器以分晝夜其後因以命官周禮挈壺
氏是也宋志有求壺復壺廢壺建壺及平水壺之制明
朝有天壺郎宋之求壺次名夜天壺郎宋之復壺次名

分水壺卽宋之廢壺亦名萬水壺卽宋之建壺　國朝因之

漢初造渾天儀後漢張衡製渾象　國朝康熙十二年製天體儀卽古之渾象也又能隨天體旋轉以指時座下設機輪使北極能升降則各地天象一見瞭然尤古制所未及焉

渾天儀制有地平圈而無地平經圈元史郭守敬立運圈以測三辰出地之度卽地平經圈也康熙十二年製象限儀較之郭守敬運圈尤簡捷耳見數理精蘊

明以官署稱寺如大理寺太常寺光祿寺太僕寺鴻臚寺尚寶寺苑馬寺是也　國朝裁尚寶苑馬餘如故考周禮墓大夫居其中之室以守之鄭康成曰居其中之室有官寺在墓中賈疏寺則室也故官署亦得以寺稱

國初通政司有滿漢官正堂同管印惟六部秖滿洲有尚書漢員獨有侍郎其後各設協理尚書一員又並設左都御史一員與滿洲承政叅酌庶務

秦官有典客漢魏晉宋齊梁稱大鴻臚又曰典屬國唐曰司賓寺卿元曰宣政院使郎　國朝所設理藩院是也

國朝凡庫藏之隸於部者有三曰銀庫直省及關市鹽茶諸稅課歲輸至京者曰段疋庫縑帛紗縠由織造解部部移段疋庫受之其上供 御服者則輸於 內府曰顏料庫銅錫鉛銕丹青頼綠香咸入焉

乾隆間有人呼 上爲老頭子爲 上所聞 上曰何解劉文正公對曰萬壽無疆曰老首出庶物曰頭父天母地曰子 上粲然案徐禎卿翦勝紀聞云明太祖嘗微行京城中聞一老嫗密呼上爲老頭兒帝大怒曰張士誠小竊江東居人至今呼爲張王朕爲天子居民呼爲老頭兒何也觀於一喜一怒 高宗之度越明太祖倜乎遠矣

定例六部司屬皆書其部而都察院則各道直書其道而
不繫於院爲各道得自彈事於院不相關白倣唐制也
國朝用人三途並重惟舉人數多吏部注選知縣者需次
三十年始得除授慮其壅滯每設法疏通雍正丁未科
於會試下第內取明通卷分別知縣教官揀選註册丙
辰又廣行挑選分一等二等一等者分發各省以知縣
用二等者即以教官用加意寒畯　恩施優渥無以復
加矣
國朝言官非由京察擢陞即由考取遞補惟大挑舉人始

取儀表耳案成化二十一年進士敖毓元應求言之疏有云邇年以來選擇之際皆取其軀體之魁梧丰姿之俊偉略不問其才識之如何夫惟選卒伍者以強壯為尚然則臺諫豈卒伍之地言職豈執殳之役哉臺諫言職徒以貌取此明季所由速亡也

古之參謀記室即今幕客也雍正間 上諭 嗣後督撫所延幕客須擇歷練老成深信不疑之人將姓名具題如効力有年果然端慤行文咨部議敘以授職位而示砥礪云云今幕客久不具題遂無授職者矣

東華錄王師已由澎湖入鹿耳直抵臺灣鄭克塽黨羽擕貳險要盡失始率屬薙髮迎降當時 詔授克塽公銜

其大將劉國軒馮錫范伯銜俱隸上三旗　開國之寬大如此按福建通志鄭成功割據臺灣傳三世三十有八年始黃梧投誠言鄭氏祖墓形勢昌雄宜劃之以泄其氣於是晉江縣之大覺山南安縣之橄欖金坑諸山五墓皆毀惟祖墓號五馬奔江者不知所在黃巢祖墓毀于唐李自成祖墓毀于明成功祖墓保全而其孫克塽又得世襲公爵其間有天意存焉

國初三品以上大臣許乘肩輿嗣後停止以致六部九卿騎馬而多跌傷病臥者

國朝有紫禁城騎馬之制受　賜諸臣多用二人舁小椅乘之非皆騎馬趨朝也初疑恐牲畜衝突儀仗耳後讀

高宗純皇帝實錄乾隆五十五年　上諭云內外

文武大臣 特恩賞在紫禁城騎馬用資代步但年老有足疾上馬艱難嗣後已經賞馬之大臣加恩准令乘坐椅旁縛短木用二人舁行入直始知此制之由來按歷史所載唐宰相皆乘馬五代時始用擔子宋史文潞公年高司馬溫公有病乃許用擔子（擔子即肩輿）可知膺此異數寥寥無幾人以視我 朝凡卿貳已上年及六十洎在外曾有功勳者什九得騎馬之 賞即此可見聖朝養老尊賢之曠典矣

內務府廣儲司管庫有六曰銀庫曰段庫（與戶部所屬銀庫段庫異）曰

衣庫曰茶庫曰皮庫曰瓷器庫各有專司物相類者兼掌之總管大臣每月終奏銷次年彙造黃冊具題閱五年年請　簡司官清釐庫藏查出納山西歲貢潞紬由工部江浙貢茶由戶部同光祿寺蒙古王公及外國番部貢方物由禮部同理藩院捕牲烏喇貢珠索倫烏梁海瓜爾察貢貂甯古塔貢參山海關外屯衛貢狼狐豹獺等皮盛京貢布棉鹽靛張家口貢紅花三旗游牧處貢羊皮玉草俱移送內務府奏交廣儲司存庫凡支發各物見有者不得逾六日移取戶工二部者不得逾十日

內務府慶豐司牧所定額除西華門三圈　南苑三圈不計外（此內外六圈養扇牛牸牛牡牛約計四千有奇養羖羊牝羊約計三千有奇）設牛羊數羣於張家口外養牛三萬頭以百二十爲一羣養羊二十一萬頭以四百爲一羣設牛羣五於養什木查每羣一百又計五百頭設羊羣百有十於達里岡崖每羣以五百爲率又計五萬五千頭凡內圈牧數不足則取諸外圈外圈牧數不足則取諸張家口有老羸不堪畜養者並歸口外牧放所設總管副管協領筆帖式四十人廄長廄副牧長牧副五百六十人廄丁牧丁一千九百

十五人定例每三牛三年孳生一犢三羊三年孳生二羔於定數內闕少者治罪歲以三月十五日後四月初一日前均於　南苑寬閒水草之地牧放停給芻菽以九月二十五日後十月十五日前各歸原圈飼養

內務府大臣掌上駟院羣牧之政除內廄所養　御馬副馬川馬仗馬公馬外廄所養挏馬牝馬差馬共七千六百五十匹又除太僕寺管兩翼八旗所設牝馬一百六十羣每羣二百四十八匹至一百三十二匹有差騸馬三十羣每羣二百有五匹至五十九匹有差統不算外

惟以上駟院而計之大凌河牧馬二十四羣扇馬十羣每羣騸駝四匹上都達布遜諾爾（在張家口外）牧馬百二十四羣扇馬二十四羣騸駝六羣達里岡崖牧馬六十羣走馬一羣牝駝十有六羣烏艮河牧馬三羣按每羣自二百匹至五百匹駝自百匹至二百匹有差（以半計二百匹以半計五百匹並太僕寺亦如之通盤核算以及內外廐共馬十二萬八千一百一十四匹駝亦以半計一百匹以半計二百匹同大凌河騸駝共三千四百三十六匹）

定例直省文武官廳小造由各官隨修大造由督撫疏請部覆動帑興工告竣奏銷前後官接篆入册交代如督

撫提鎮監司及州縣守禦等官涖任有抑勒修治衙署致累及兵民者文官以科斂律武官以尅減律論近多借修堂廡倉獄有捐派城鄉者有訟案充罰者不知定例森嚴倘釀成上控兩司一筆勾而鄧竟陵長恨於破甑也

定例伐冰取諸 御河龍王堂蓮花池歲以冬至後半月工部委員募夫伐冰取其明淨堅厚者每塊定方一尺五寸查內窖五藏冰二萬五千塊外窖九藏冰八萬七百塊以供 壇 廟祭祀暨 內廷之用

土窖四藏冰十萬塊以供公廨官學及各監獄官設暑湯之用除薊州遵化州豐潤縣所藏不計外凡工費計塊酬直以納於紫禁城內倘不敷用從市採買以夏月秋月爲差均由工部給發

本朝大臣奪情任事者指不勝屈安溪李文貞公光地奪情爲世訾議以公承平碩輔理學名臣不應有此也陳文恭公宏謀初丁外艱奪情頗類此道光四年八月林文忠公則徐方丁母憂宣宗命督南河隄工公聞詔卽行植立河干不辭勞瘁六年四月命署兩淮鹽政始託疾

力薦賢者出處自有本末如此嗣後粵匪之役胡文忠公林翼墨絰視師曾文正公國藩且一再奪情馳驅江皖金革無避忠孝兩完此則天下後世所當共諒者已

尹文端公繼善官翰林院侍講時怡賢親王請為記室尋奏補刑部郎中陳文恭公宏謀由編修升吏部郎中張船山太守問陶且由翰林充御史由御史選補吏部郎中嘉道以前似此者不可枚舉今新列詞垣者幾視部郎為噲等蓋由事例既開六部司員皆可入貲行走而柏臺芸館必由科目進身郎部黯然職是之故其實郎

中非屢考不能得編檢則宂雜無定員同一進士出身
內升卿班外放道府何遽以詞臣爲美官耶
國朝景運延長雲礽衍慶避名之典　純皇帝　諭
旨以不經用之字改避　成皇帝御極又豫示奕載
溥毓恒啓等字欽筆書寫二十六年三月因念燕翼相
承宗支蕃衍依次命名久而愈多援引二名不偏諱之
義用示折衷將來繼體承緒者上一字無庸改避亦無
庸缺筆惟下一字缺筆永垂令典　聖謨煌煌洵爲
萬世法守也

定例親王至奉恩輔國公有私買民女爲妾者革爵

定例宗室王公等納妾於該管包衣莊頭家挑選由參領佐領稽察生有子女將母家姓氏註册鈐用關防圖記限三日呈報宗人府

定例　皇子始有諳達宮　皇帝之兄弟封親王遂裁汰

定例貝勒貝子歿後追封郡王禮部不請謚立碑

定例　皇帝巡幸盛京恭謁　祖陵有諫阻者降革

定例題銷遲延處分條款內遲延三年以上者罰俸一年

四年以上者罰俸二年五年以上者罰俸三年六年以
上分別降調九年以上革職
定例民人赴京具控情重者奏請交辦情輕者咨回本省
定例　皇上巡幸隨帶御寶俱安庋寢宫次日啟蹕之
先始行捧出交請寶之内閣學士祗領恭賫前行
定例發遣官犯俱於奉　旨之日押令起解不許片刻逗
留
定例官員革職者奉　旨之日即行摘頂去帶拏問者奉
旨之日即令上鎖收禁

定例王公大臣內有二十七箇月服制者朝會大祀之禮概不與祭惟太常寺官員熟諳禮儀百日後照常供奉祭祀典至御前乾清門大臣侍衛亦於百日後遇郊壇大祀前一日穿蟒袍隨至齋宮護衛值宿祭日穿常服

定例王貝等邸第不得設銅路鐙太平缸毗盧帽門口盔國朝制度辨別等威一名一器不容稍有僭越俾其久膺爵祿永保富貴也

定例封印期內凡六部九卿本章積壓不能呈進完竣者

將該司員議處不然相率效尤恐積壓愈久愈多
定例祈雨祈雪期內俱不進立決本章
定例凡遇特交會議事件務須公同定擬必意見毫無異
同方可會銜陳奏若意見不合卽單銜具奏其會奏摺
內無庸列銜儻有遏抑羣言妄阻獨奏者准其人指名
參劾若於畫稾具奏之後別生異議罪之
定例　皇后喪　皇子百日後常服挂朝珠王公大臣
二十七日後常服
定例翰林院侍講侍讀詹事府洗馬中允贊善等官京察

列爲一等者並無加級與別項一等人員殊不畫一道

光二十年均准其一等加一級著爲令

定例傳習天主教人犯被獲到官情願出教者將該家所

供奉之十字木架令其跨越過方准釋放如復犯習教

加一等治罪

定例滿洲京外大員兄弟子孫每屆五年查辦一次挑在

侍衛拜唐阿上當差使其熟習清語騎射道光二十年

十二月　成皇帝念大員兄弟子孫自幼讀書不暇

兼習馬步箭酌量變通嗣後挑在侍衛拜唐阿當差有

情願及不情願者悉聽之此　成皇帝曲成器使之
至意
定例各衙門題奏事件遇有地名字面遵照全寫嘉慶二
十年六月　上諭近來章疏祇圖簡率每將地名節成
一字其謬不可枚舉從前明亮奏烏魯木齊地方事件
將下三字裁去祇稱爲烏經朕訓飭乃本月劉鐶之等
奏懇留撥效委員摺內將順天府節稱爲留順字樣實
屬簡率嗣後各衙門題奏事件於應載地名字面務遵
照定例全行書寫不得任聽幕胥率用省文致乖敬謹

又告之體

定例藩臬道府出缺不得以隔品及試用人員濫行署理

道光二十二年重修大清一統志全書告成沿述於開國

之初增輯至嘉慶二十有五年爲卷五百有六十備載

列祖　列宗威惠滂流聲名懿鑠幅員之廣教

化之洽地利物華之盛官方人才之詳羲繩軒駕以來

絕無而僅有也

道光二十三年裁稽查崇文門稅務滿漢御史盖多一官

多一費且多一弊也

道光二十三年八月　上諭宗室奕賣於獲罪後遣戍又娶民女爲妻雖因被控退婚究屬違例奕賣改發往黑龍江圈禁三年釋放復交將軍管束足徵　國朝家法非漢唐宋明所能及也

定例京察軍政及內外大小官於引見時凡滿漢文武二品以上大員之子弟在綠頭籤內註明祖父官秩查出漏報者交部議處

道光二十三年據戶部徹底查明銀庫自嘉慶五年起至道光二十三年共虧短至九百二十五萬二千餘兩之

多　特派王大臣等詳議嚴行罰賠從重辦理以國家
錢糧通同作弊任意攫取所以　成皇帝忿恨
上諭有喪心昧良竟同盜賊之語
定例戶部三庫總司出納向由滿漢左侍郎　兼管至
是添派大臣四員嗣後遇收放銀兩日期六人中輪應
一人親往監視並專司啟閉不准稍有曠誤三年期滿
奏請更換至本年因庫丁張誠保偷銀破案斬立決並
累大臣御史百十人分別罰賠降革
定例各省解交內務府廣儲司六庫銀兩由都察院查覈

道光二十四年　上諭朕聞江南河工時有游客前往求助該河督等官礙於情面量爲資給以致往者日衆竟有應接不暇之勢河督等官焉有自出己貲之理無非濫請支領尅減工程以爲應酬之費於河務大有關繫因思游客往往向京官求書以爲先容甚至屬託該河督授意屬員廣爲吹噓似此惡習不能不通飭嚴禁嗣後查有持信往謁意在干求者該河督即將其人扣留指名參奏否則嚴當治罪不貸至東河及各省鹽務衙門照此辦理案河工虛糜最大若非　成皇帝澄

清本源則濫觴放爲長流大壑竭於漏巵也
道光二十八年戊申十一月廣西巡撫鄭祖琛奏遵查北
流等處首犯已獲見在地方安堵二十九年己酉八月
又奏鎮道轟斃匪徒無算賊勢大潰等語按是時洪秀
全早在潯州籐縣桂平武宣等處傳教適丁未戊申荒
歉流寇肆擾各鄉練團以保閭里自爲黨援幾若水火
洪逆乘機潛煽附者愈衆是以庚申由金田剋期發難
士卒蠭生頭目麻沸所以今日殲一魁而後日如此之
魁者六七八出也今月獲一有名之魁而後月無名之

魁六七人出轉不能獲也雖曰天意而封疆大吏不宣化有爲無諱敗爲功以朦蔽　皇上矣

定例滿鑾儀使許穿黃馬褂

定例武生武舉年逾六十者不准咨送鄉會試

定例封嬪無告祭之文

定例　御文華殿經筵幸文淵閣賜講官茶復賜宴

定例簡放道府具摺謝　恩武官至副將同

定例紫禁城內值班　王大臣於辰刻進內接班其出班之王大臣必候交替始散否則嚴加議處

定例漢軍秀女纔足及衣袖寬大者將該家長照違制律
治罪
定例旗人內如將未經挑選之女許字漢民者主婚之人
照違制律治罪若將已挑選及例不入選之女許字漢
民者主婚之人照違令例治罪漢民聘娶旗人之女者
亦一例科斷至已嫁暨已受聘之女准其配合惟將旗
女開除戶册以示區別
定例各直省學政擇品學兼優者襄校文字不得專用本
籍之人致滋流弊

定例元旦宴大臣於正大光明殿皆在廊下謝坐謝宴

定例恭祭　天壇日期在天安門外豫備玉輦金輦

定例州縣至衙繁地方差役不過八名蓋該輩遇事生風在衙門多一巨猾即地方添一蠹不惟鄉愚受其魚肉而本官亦不易稽查也

向來欽安殿永日堂廣育宮有首領□監等每年正二八九月辦理道場每月每望有拜斗□日道光十九年十一月奉　旨停止

定例旗兵射箭穿布衣布韃護單袷□若用紬緞除將本

身斥革外該管大臣亦議處　國朝崇實黜浮如此
國朝　列聖　欽定訓飭州縣規條又　御製人
臣儆心錄頒布各省官員俾其實力奉行惟近年惡習
州縣蒞任不問地方之利弊先問缺分之肥瘠凡前人
所不敢存諸寤寐者今則直言諸大廷廣衆中而無怍
容至於訟按委之幕友任之書役惟營私徇利勒派横
徵以箠楚爲有能而箠楚外並無教養以桚夾爲長才
而桚夾外毫無經濟以致盜賊充斥閭閻困窮良由未
聞訓飭條規人臣儆心錄無所準則深負　列聖成

憲惠愛元元之至意

道光元年五月裁　北郊大祀翊衛官二十八員兵四百名　雍和宮翊衛官十五員兵四十名

定例孝廉方正不論生監布衣惟選才品優長者若府廳州縣託言以無人可舉爲辭及牽於情賄濫以衰庸塞責交部議處

定例官員爲生祖母治喪無論嫡祖母是否見在概令離任一年

乾隆前軍機行走章京未定額俱由軍機大臣挑補並不

帶領引見嘉慶四年春正月　上諭軍機章京要事最重豈有不帶領引見之理嗣後滿漢章京各定爲十六缺由內閣六部理藩院於司員中書筆帖式等官內擇其人品方正字畫端楷者交軍機大臣帶領引見以備簡用光緒朝因海禁宏開政務浩繁滿漢章京各分頭班二班領班幫班共六增至四十缺親王及大臣共八人

皇朝瑣屑錄卷六終

皇朝瑣屑錄

卷七之九

皇朝瑣屑錄卷七

嘉州 鍾 琦 泊農

掌故九十一則

吏部衙門設四司曰文選掌管選補推陞併官吏班秩品級之典曰考功掌管考察降罰併引年稱疾給假諸例曰稽勳掌管喪制終養及復姓更名繼絕承蔭曰驗封掌管封爵 誥命 敘功考吏及貟人土司世襲各有專責以贊邦治者也然外省凡有缺出文選司書吏即以此餌人或多引例案以遂其招搖或暗致信函以行

其嚇詐保舉之或准或駁處分之可重可輕既已軒輊在心無難上下其手一司如此他司可以類推蓋成案旣多援引各異書吏先深入其中以操縱之司員始泛從其外而糾察之已屬不及之勢而況有恃爲爪牙者乎有引爲心腹者乎此書吏舞弊之大概情形也乾隆間曾奉嚴　旨將江浙書吏驅逐該輩賄將文卷或隱匿或淆混以致司員五花八門終不得其頭緒又定額
奏留以資執簿書供奔走而已該輩怙惡不悛仍然盤踞把持同治十二年御史游百川又具疏請　旨懲

治但成積重難返之勢不能遽除而實不可不除者也
文字之禁以　本朝爲最寬即廟諱御名前代帝王有
厲禁者　列聖諭旨亦祇令敬避下一字　世宗
朝臣工有避嫌名輒怒曰朕安得有許多名字非朕名
而避是不敬也　睿訓煌煌足以破漢唐以後人君
之愚惑非特見　聖德之謙深也
乾隆四十年五月　上諭朕每見法司爰書以犯名書作
惡劣字輒令更正而前此書回部者每加犬作狗亦令
删去犬旁又進呈四庫書時多有以夷作彝以虜作鹵

者命將四庫館諸臣交部議處　聖訓炳煌視魏武改
柔然爲蠕蠕者何啻滄海之與蹄涔矣
大清會典近支宗室　命名向與御名　上一字同
者惟偏旁稍異之如弘字去一點之類免其迴避近支
宗室子孫除　欽賜名外上一字仍許與　皇子
皇孫同如永字綿字之類下一字不得與　皇子　皇
孫同如玉字部及心字部之類其用蒙古名及與漢人
姓名相似者例禁
康熙中廷臣章疏有德邁二帝功過三王語　上曰二

帝三王豈朕所能邁且過哉 傳諭中外自後不許
如是陸清獻公嘗謹述其事見三魚堂文集謹讀
世宗硃批諭旨凡臣下奏摺媚茲過甚者無不 丹
書申儆蓋我 朝家法然也
道光九年四月 上諭近來各省大吏於屬員非不留
心察訪隨時甄別而亦有因其事若直陳即不止於斥
革者遂以平庸疏率等語從寬空衆僅予改降休致當令
此弊尤甚轉令被劾者有所藉口咸豐初年某藩司參某知州反受挾制訐首府調停
賠給旅費銀三千豈整肅吏治之道等因欽此例見 宣宗

成皇帝日月照臨秉公厲治至意查督撫往往避重就
輕化大為小登奉　特旨嚴飭在案無如以欺詐遮
飾視同常例其後愈出愈奇凡計典甄別而勘語僅止
四字或八字從不將劣跡直陳如何以儆官邪夫劾吏
一者必據實糾彈庶當局無可駁詰旁觀咸知畏懼如恐
事由未確宜詳訪眞情如果劣跡已彰宜直陳罪狀否
則含糊入奏易啟反噬誠如　成皇帝所云從寬空
叅轉令被劾者有所藉口也
定例優恤上三旗官兵婚喪加　恩賞銀　宮殿內監

歲給衣服守護　陵寢内監並尚茶尚膳内管領所屬奔走之男婦及匠作夫役隸於内務府者歲給裘棉段布各有差又按宮中匠作有七等銀作銅作皮作染作衣作繡作花作各有定額皆以執藝之優劣定役食之多寡長以領催總以司匠闕則召募惰則革除

宦寺怙惡無代無之自秦漢唐宋以迄於明縱欲逞威如出一轍載入史册炯戒昭垂　國朝深鑒前車整飭紀綱設立鐫碑裁定内官員數雍正七年以内官品級不分正從乾隆七年定太監官職以四品爲限統以内務

府大臣若總管太監執守侍充者其銜二曰宮殿監督領侍曰宮殿監正侍自四品有至七品者副總管太監曰宮殿監副侍六品銜首領太監曰執守侍七品銜副首領太監曰侍監八品銜凡供掃除守護之役者無品級無定額至於八品侍監筆帖式惟敬事房有之自宮殿監督領侍以至侍監均不假以分毫之柄所以防微杜漸法至周而意至遠也

同治庚午邸鈔太監安得海私逃出京攜帶家眷沿途招搖爲山東德州知州趙新[illegible]擒時丁文誠公寶楨爲巡

撫據實奏聞奉　旨就地正法並私逃之太監陳玉祥李平安郝長瑞王天福等均絞決其婦馬氏給披甲人爲奴　國朝防範宦寺至嚴至密二百三十年以來從未假以分毫之權柄不意安得海肆行無忌豈知
聖天子在上何物幺魔斷不容於光天化日下矣當時友人尹松侯閱邸鈔見太監有家眷曷勝駭異予笑曰君少所見多所怪也後漢書劉瑜傳有常侍黃門亦廣妻妾之語北魏書蕭忻疏云閹官之蓄婦黃門之養媳唐書宦官高力士娶李元晤女李輔國娶元擢女五代史宦官王承修妻嚴氏則前代宦官娶妻實有其事不獨安得海爲然所以定例太監凡三年必派大員詳驗其勢稍長者復宮之

定例紫禁城騎馬在斗口外爲止如值 乘輿出入雖隨從王大臣亦俱凛遵步行不得踰越同治十二年三月間 皇上恭謁 東陵回鑾竟有太監多人在燕郊滋事 仰蒙 宸聽獨斷雷霆示威將太監馬進喜等嚴行責斥發往黑龍江乃越七日 皇上雩壇大祀禮成還宮之先文武按班侍儀又有太監多人騎馬疾馳蜂擁而至自正陽門起擅走各門中洞直行 御道任意縱横毫無顧忌甚至卑賤廝役亦俱騎馬由中路跟隨太監直冲儀仗公然擅進斗

口至午門外下馬喧豗無狀經御史交明奏聞始將總
管內務府大臣及總管太監等分别懲戒足徵我 朝
家法相承紀綱整飭宦寺有犯决不寬貸也
管侍御韞山堂詩集有扈 蹕秋獮紀事三十四首其自
註詳悉有足備掌故稽職守者備錄於此獅子園爲
高宗降生之地常於 憲廟忌辰臨駐凡 車駕
出麗正門隨從百官皆立班軍機帳房例在幔城之左
凡 駕由左門入在直章京皆立班 宮眷輿輦
後扈亦有豹尾親王以下皆引避故稱闗防機庭印鑰

例由大臣中行走最前者佩帶取用以金牌為合符始付鑰凡校射中四矢者　賜帶孔雀花翎凡　詔草經硃筆更改例應另紙恭錄凡一　旨而傳諭數人者下照書謂之分寄凡　御筆增改遵錄他本謂之過硃機庭總簿曰隨手簿檢查舊事必按各年隨手簿索之凡直省方面開缺先由樞臣書缺而空其名以待御筆塡注凡引見記名各員吏兵兩部以綠頭牌交軍機照錄入存記匣隨時進　御凡直省奏請遷除當上意者雖交部議仍命存記凡　行在召見軍機

大臣恆在晚膳後凡遞擬　詔旨六七道以上者輒
命隨成隨進凡前引大臣將近宮門例釋官銜凡
頒賜軍機章京例視三品京堂官凡　車駕在道
當直者滿漢各一人帶要件先候於尖營以備承　旨
凡上直最早者謂之早門散直最晚者以宮門下鑰爲
度凡周廬夜直兵弁統謂之珠車凡圍場　上未發矢
莫敢縱鏑惟突圍之獸從官先射哨鹿者戴鹿冠作鹿
鳴進哨之後不許屬車先行恐橋道有不虞也國語以
隨豹尾爲跟穆音尖營爲烏墩圍場以西去以東還行

衣不掛朝珠還則仍繫　扈蹕初歸例得休沐七日

凡內直各官皆進乾清門惟軍機直郎許兼由內右門出入

定例由督撫倡率州縣課農桑溝洫修蠶織廣樹畜以資生業戒游惰懲蹂躪以崇本計革暴殄禁奢侈以節靡費舉力田給冠帶以勸勤勞凡有利於民生者均隨宜鼓舞不得督以嚴急繩以官法有奉行不善者劾之古語云上農夫食九人其次食七人最下食五人同此田土同此耕耘而收穫之多寡迴乎不同者農功之勤惰

爲之也蓋水潦出於天肥磽判於地而人力所至實足
以補天地之缺陷故　列聖稽古崇實定例如此
純皇帝又頒授時通考書飭州縣遵行在案其意
使野無曠土地無游民而已但各州縣視農桑溝洫虛
有其文補助巡歷今無其事見畎澮湮塞亦不問之土
地荒蕪亦不責之聽其山之童林之赭而邱陵川澤爲
棄壤爲廢郊亦不教導之於是沃者變而爲瘠潤者化
而爲枯稍遇水旱則立槁矣稍遇徵求則立逃矣是田
本爲養身之資又變而爲累身之物矣

國朝孔雀翎有三圓文者貝子戴之二圓文者鎮國公輔
國公和碩額駙戴之一圓文者凡軍功　賞賜者戴
之
國朝凡寒煖更用冠服以季春季秋月之五日十五日或
二十五日始先期請　旨通行若緣貂朝服及表裘
歲以仲冬朔日始孟春十六日止
定例全紅帽罩惟三品以上入　內廷者準服四品官
雖內直不用也　高廟時軍機章京帶領引　見
值天雨冠纓盡溼　上問其故于文襄公以體制對

上曰遇雨暫用何妨自是行走軍機處者冠罩無不全紅矣見郎潛紀聞

國朝凡遇雨雪服雨冠雨衣以氈或羽段油紬爲之

皇帝用明黃色親王宗室公及一品官至三品雨冠用紅色四品至六品紅色青緣七品以下青色紅緣軍民用青色雨衣一品以上用紅二品以下均用青

潛研堂文集內閣中書掛珠自嚴長明始嚴官中書時充方略館官以書局在 內廷例許掛珠也今中書不兼館差者亦掛珠並舉貢之議敘中書銜捐納雙月中

書者靡所區别即費五六十金捐納之中書科亦且一
串牟尼項下垂矣
國朝王公采服裾均四啟所謂四開衩是也用龍文若常
服多用藍表衣用青見　章皇帝實錄
文武官蟒袍一品至三品九蟒五爪四品至六品八蟒五
爪七品至九品五蟒四爪微員　引見不穿蟒惟左右
約忠孝帶　萬壽節穿蟒日期見乾隆十六年
上諭屬員謁上司違例穿蟒者罰俸六月見處分則例
在京都察院衙門在外按察司衙門等官不論品級俱

穿獅豸補服見會典又五品以下除翰詹科道不許穿
貂皮如　上賜並王貝賞給者准其服用若太常鴻
臚凡九品之讀祝贊禮序班許穿八品補服者以其導
引祭祀也
凡疏章定式每幅六行每行二十格平行空二格疏語稱
宮殿者上一格稱　皇帝稱　上諭稱　旨
稱　御者上二格稱　天地　宗廟
山陵　廟號　列祖者逾格一字首列官
銜姓名末書年月日鈐以印别紙摘錄疏中要語黏於

疏尾日貼黃其字無論多寡期於辭達若頌而諛繁以
文者禁之
同治七年三月御史王書瑞以嚴防奸宄具疏內開軍務
未竣而昔日從逆者蒙 恩准予自新不復究詰然
此輩亦有本非甘心從逆迫於不得已者至若凶徒從
逆後又復耳濡目染視人命爲無足重輕有案控告竟
以罰錢充公官吏爲之寬免者彼方謂 殊恩可以
倖邀銀錢可以贖罪怙惡不悛卒未回心嚮善請
旨飭下直省督撫必須留心防範實力稽查於昔日從

遞之人會經訪聞確實及控告有案罰錢充公者儻復
不安本分立即從嚴究辦云云按此輩狠心不改鷹眼
終存縱可宥之於已往豈可不防之於將來若徒寬大
不寓嚴密恐解渙之恩反招剝膚之患開一面之網適
貽萬姓之憂也
康熙四十年御史李發甲具奏澄清吏治一疏內開今直
省各督撫品行端方者固久在　睿鑒之中而朘削
民膏者亦難逃　睿照之內督撫以司道爲外庖司
道以府廳爲外庖府廳以州縣爲外庖而州縣等官又

總爲督撫司道府廳之外庖及語其究竟總百姓受之而害及於民而後止臣請備言之凡州縣各有境土各有攸司皆　朝廷所設之員非上司樹立之人也明矣履任之後不過初次謁見以盡屬吏之分未聞絡繹省城曠職失業者茲則府廳州縣一歲之內在省常多在署常少惟以奔走承順伺候上官意旨爲第一著蓋由上官視屬員爲手掌之內可以榮辱予奪而惟其勢之所欲爲屬員亦懼上官之眞能榮辱予奪而不敢不聽其命之所呼應今日調某府廳入省議話明日調某

州縣入省議話殊不知一官入省雜費有派夫馬有派贄見有派長隨跟役有派上官一飯封賞八兩十兩不等上官一席封賞十二兩至二十四兩不等而又捏爲公務押令某府廳州縣捐銀若干或百金或三四百金或一二千金又且上官之父母生辰有公祝之禮生子生孫有三朝滿月之禮以至年節定爲常規無足論矣而於常規之外種種取足於屬員嗟此一官上司之誅求者衆如何民力有不竭庫項有不虧也在循良州縣出於無奈勢不能不派慮其禍之及已也在不肖州縣

從中射利固樂於派以貪緣鑽刺爲才能以諂媚逢迎爲循卓患得患失無所不至廉恥盡喪官箴掃地旣不愛惜名節安知民社遇清介之督撫此輩立掛彈章而遇要錢之督撫無不適逢其所好總之迎合上官者臭味相投舉爲能吏持正不阿者氷炭不入目爲庸才此吏道所未清民生多未遂大可痛心者也所以督撫仗有司之膽有司藉督撫之庇卽刀鋸在前鼎鑊在後舉相習爲牢不可破之虐政肆意蠶食而無所憫恤每歲二月開徵傳集士紳籌商借火耗水色不敷又於　朝

廷正供之外輒加至三倍四倍五倍以至十倍不止此等貪鄙之吏念念只營功名時時只顧身家刻刻只慮子孫而國家之安危民生之休戚毫不相關即此營私虐民之一念縱逃憲典必伏冥誅殃及祖考害及兒孫云云此疏深得澄清吏治之道然當今清介之督撫循良之州縣亘省固不乏人無如營私虐民者尤多多定例大半罷斥而此輩腰纏十萬飄然脫卸反遂其優游泉林之樂惟破格嚴究庶蒼鷹餓虎之徒有所懲創而不敢恣肆否則殘瘁之餘永無蘇息之望矣

明季巡按以舉劾爲招權納賄之門　國初巡按董成學需索金珠激成巨禍經南贛巡撫劉武元題參謂巡按一小御史耳皆當統屬於督撫至委盤查緝捕皆明季陋習已奉　旨革禁今巡按仍不遵依名爲盤查實爲納賄若緝捕人犯當從巡按衙門始云云其後裁革少一巡按少一招權納賄之官不然酷慘等於來周平反從無徐杜未得振厲之效反啟需索之門矣

臺灣林爽文之變蓮城告陷諸羅夙無城郭賊百計環攻士民立柵固守百餘日卒不得逞衙署民居咸獲保全

事平　上特旨旌獎　賜名嘉義縣

內務府所屬菜園六十丁瓜園三十丁各給畦地一頃八十畝或以旱地五畝準畦地一畝畦地園丁各納瓜蔬有差旱地園丁徵銀如果園丁例

國朝散秩大臣多由　特恩補授凡人員不敷於鎮國輔國公鎮國輔國將軍暨公侯伯子男內簡選引　見或授或署恭候　欽定

山西亢旱赤地千里畿輔及山東河南陝西諸省亦復累月不雨二麥歉收　朝廷軫念災黎蠲正供截漕糧

發社倉運南米戶部撥帑直省開捐起鄉官辦賑
湛恩汪濊爲史策所罕書京師入冬無雪十一月某日
聞樞臣召對　兩宮面有泣容次日果大雪頃臘
月以來　上三次祈雪仍未渥霑祥霙側聞
宮中聖人又復減膳持齋對天涕泣未三日果又滕六
効命矣誠感如影響故謹敬書之時光緒三年十二月
二十有八日也
怡賢親王總理水利營田時與大學士朱文端公彙奏營
田事例四條一自營己田者照頃畝多寡予九品以上

五品以下頂帶一効力者酌量工程難易貲獻多寡分
別錄用一降革人員効力者准開復一流徒以下人犯
効力准減等從之惜全功未竟當世大政莫亟於是
乾隆四十二年　六飛過燕郊鎮　上見廢寺香爐燭
檠甚偉試其聲曰非鐵也令羽林碎之乃黃金所范外
髹以漆爲明世宗內璫李興家廟瑣名不著非權奄而
已豪侈若是矣
羅侍郎文俊素短視尋丈外即茫無所覩　宣宗嘗於
召見時笑問卿見朕否公叩首曰天威不違顏咫尺時

服其奏對之敏

定例邊關凡出口者旗人由都統蒙古由理藩院伐木燒炭者由工部商販由該管官各咨部給票凡入口者征戍屯種之人由將軍及各該管叅領佐領給票以旗員專司鎖鑰按名驗票放行每季按出入人數彙冊報部察覈私越及賄縱各論如法

定例王大臣帶領官員引見後退出乾清門再行傳旨若在丹墀下傳旨者由御前大臣參奏即衆大臣中有在內廷行走亦應於宮門外候傳旨

宣召再行進內

定例軍機大臣出差隨帶章京原以堂司統屬故令帶往辦事若尚書大學士未管軍機率行奏請章京隨帶出差者除治罪外另行簡派

定例嚴禁大臣不得自請獨對恐炫其眷注之隆而無知輩爭相趨奉啟納賄營私之弊也

定例六部九卿各衙門奏摺俱由外奏事呈遞惟軍機處內務府奏摺徑交內奏事呈遞

定例王貝等遇有封章俱在乾清門交外奏事官接收轉

交內太監捧進若直由太監呈遞降級罰俸蓋恐閹寺
人與王員等有漏洩情弊也杜漸防微最為良法美意
順治五年閏四月　上諭今後債負每銀一兩祗許月
息三分不得多索及息上增息並不准放債與赴任之
員及外官放債與民如違與者取者俱治重罪
定例禁止諸王府商人及旗下官員家丁外省貿易
定例各督撫毋濫用驛遞
定例各督撫於部駁不合例之員復行具奏懇請允准者
如因公罷斥免追問倘貪污獲罪則原保之督撫有徇

情濫舉處分

定例各省駐防生員仍歸佐領約束文藝由府學教授課閱

定例旗員人等於本名上不得各繫姓氏如魁倫之子完顏扎拉芬 上命扎拉芬上除去完顏二字是也

定例王貝等充祭陵差使起程均在寅卯間至遲不逾辰刻否則降罰

定例各部院本章內淸字宜先書官員姓名次書謹題字樣次書所條陳爲某事

定例滿洲子弟壯者令以角弓羽箭習射幼者令以木弓
柳箭習射不學者罪之
定例凡新鮮百果五穀先薦　太廟然後進御著爲令
定例王貝府第前立下馬樁
定例四五品京堂及翰林讀講學士並左右庶子等官每
遇京察年吏部請　旨簡派王大臣驗看分別等第又
由吏部帶領引見嘉慶五年五月　上諭嗣後四五品
京堂等官卽照三品京堂例帶領引見不必簡派王大
臣多一番驗看著爲令

定例在京各衙門升遷人員有出缺者限二十日帶領引見如有展轉行查再寬十日統限三十日帶領不得任意遲緩若武職人員赴兵部稟到定於十日內考驗弓馬十五日內帶領引見

定例滿漢大臣年至六十以上者其膳牌准令筆帖式代遞

定例秀女凡　皇后貴妃之親姊妹俱應備挑選嘉慶五年十月　上諭自嬪以上其親姊妹加恩免之著為令

定例保送御史部屬翰林各為一班部屬記名無人即保

部屬翰林記名無人即保翰林
從前賢良祠京城則有外省則無雍正間特降　諭旨令
外省各建賢良祠將文武大臣公忠正直勳節昭著者
地方官具奏入祠歲時官祀此乃我　朝崇奬名臣恩
加無已至意
定例六部九卿公事以畫稾爲定若僉同畫稾後又復橫
生枝節分別降調
定例凡在紅椿以內砍樹取石者斬立決青椿白椿以內
減一等青椿白椿以外不及一丈者免論蓋　陵寢

重地界限綦嚴如有犯者原當以禁椿之違近定罪名之輕重也

定例黏竿處藍翎侍衛能勤奮騎射者每旗保送一人揀補大門上三等侍衛

道光元年辛巳六月吏部奏查會典服制圖載子爲慈母斬衰三年註云所生母故父令別妾撫養者謂之慈母舊例未經載入見當纂修則例似應增入以廣孝思請嗣後凡官員本身係屬庶出生母早故父令別妾撫養者病故時准令離任丁憂二十七箇月從之

天命五年六月　太祖慮下情不得上達樹二木於門
外其有欲訴之言書而懸之木　上覽其奏議斷其
顛末而按問焉由是國政之鉅細並無壅隔
國朝出兵校獵不計人之多寡各隨族黨屯寨而行獵時
每人各出一矢凡十人設長一人領之各分隊伍毋敢
紊亂其長稱爲牛彔額眞至是遂以名官已亥明萬曆二十七
年二月　上欲以蒙古字製爲國語巴克什額爾德
尼以蒙古字相傳已久更易頗難　上曰無難也但
以蒙古字合我國之語音聯綴成句即可因文見義矣

吾籌此已悉爾等試書之於是　上獨斷將蒙古字
製爲國語剏立滿文頒行國中滿　文傳布自此始初國
人剏採人蔘未諳製法漬之以水　明人佯不欲市國人
恐朽敗急售鮮所利益　上教以製法令熟而乾之
可以經久遍市於明所濟甚衆故　民用益饒列國尊
上爲　聰睿貝勒
天聰六年十二月　上諭凡黑狐帽　五爪龍明黃杏黃金
黃等色服非　上賜不得用
太祖高皇帝肇興東土無利天下之　心因明臣召釁國兵

復仇平定諸部落旋取遼瀋其地　勢譬若金湯以爲吾
基洪業諸貝勒議　上尊號奉　表勸進爲　覆育列
國英明皇帝以是年丙辰爲天命　元年十明萬曆四十四年時
上年五十有八置理政聽訟大臣五人札爾固齊十
人凡判斷先經札爾固齊審問然後言於大臣大臣再
加審問言於諸貝勒衆議既定猶恐尚有冤抑令訴者
跪　上前更詳察之明覈是非故政通人和
崇德八年癸未八月初九日庚午亥刻　太宗文皇帝
賓天時章京敦達里滿洲人以幼　蒙恩養不忍永離願

以身殉葬又安達里葉赫人　太宗憐而育之亦請
殉葬王貝勒等以其忠悃足尚豫議䘏典賜敦達里甲喇
章京子孫永免徭役儻干犯重典應赦者即釋不應赦
者仍減官爵世襲勿替安達里贈牛彔章京子孫世襲
梅勒章京其免徭宥罪如敦達里例敦達里臨殉時謂
王貝勒等曰若　先帝在天之靈問及後事將何以應
王貝勒等曰　先帝肇興鴻業凡王貝勒戴　冲主嗣
位承基務當實心輔理儻邀在天之靈垂鑒呵護是所
願也

和碩禮親王代善等以　先帝升遐國不可無主公議
奉　先帝子纘承大統八月二十五日丙戌祭告
郊　廟以明年爲順治元年丁亥　上即位王
大臣羣集篤恭殿前　上出宮時寒甚侍臣進貂裘
上視裘卻弗御時　上甫六齡將升輦乳媪欲
同坐　上曰此非汝所宜乘弗許受賀畢還宮
上顧謂侍臣曰適所進裘若黃裏朕自衣之以紅裏故
不服耳是日不設鹵簿不作音樂王大臣以　上既
即位冠宜綴纓於是王貝至軍民皆綴纓

前明於粵東廉雷二郡產珠每年　差官採取按產珠僅有九池廉八雷一皆在洪濤巨浸中採取者例用長繩數百丈縋繩沉入海底常畀鯨鱷之腹耗財甚鉅用力甚痛往往得不償失殊屬粃政順　治四年十月總督佟養甲具奏請緩採取奉　旨免之

乾隆自四十六年至五十一年此五年中停歇打牲烏拉採珠嘉慶四年十二月　上諭每歲勞苦採撈人等又復多傷物命朕仰體　皇考好生至大其打牲烏拉採珠河著自明年起又暫停歇三年以資長養俟三

年滿後由該將軍等具奏請旨　當此停歇之際交吉林黑龍江將軍等於水陸隘口安設卡倫嚴查偷採此朕憐恤物命並非珍愛其珠也勿得仍任偷採負朕愛物之至意

嘉慶四年十二月　上諭督撫政務殷繁不得不延請幕友以資助理近聞多有挑取屬員入幕者該輩平日與同寅交好暗通關節私相結納到處招搖遇人撞騙司道資其彌信府州藉以夤緣既擁厚貲復邀遷擢於官方吏治大有關礙嗣後督撫等不得將屬員入幕其

延請朋友襄勞亦毋許與官吏交結往來如敢再蹈前轍彼科道糾參必將該督撫同屬員嚴加治罪決不寬貸

定例恭遇忌辰誕辰親詣行禮之處近遠 祖 考而 曾祖以上則遣諸王恭代嘉慶四年十一月十三日 聖祖忌辰 上親詣 壽皇殿行禮

諭嗣後子孫永遠遵照所謂禮緣義起者此也

嘉慶四年十一月 上諭科道官引見接連告假三次者照規避例題參

定例丹墀南派禮部司員四人御史四人侍衛四人分別
昭德貞度門內階下專司朝儀遇有越班行走者立即
拏奏懲處
定例紋銀出洋一百兩以上照偷運米穀一百石以上律
令發近邊充軍一百兩以下杖一百徒三年不及十兩
者杖一百枷號一月爲從知情不首之船戶各減一等
問擬立法如此森嚴者因內地物產應供內地之用若
私漏出洋則去而不來內地轉形支絀也
恭閱　仁皇帝實錄內載各直省督撫遵　旨查奏

閒冗官共裁三百三十餘員　憲皇帝實錄共裁一百五十餘員　純皇帝實錄共裁三百三十餘員　睿皇帝實錄共裁二十餘員　成皇帝實錄共裁一百七十餘員葢國家設官分職原以保乂蒼生必使閭閻獲益方足收指臂之效若任閒冗官濫竽充數勢必朘削脂膏欲衛民而反以病民故　列聖相承澄敘官方刪除閒冗之至意

太宗天聰元年明天啟七年六月時國中大饑斗米價銀八兩京斗十五斤人相食時秦晉皆然國中銀雖廣無處貿易是以銀

賤而諸物翔貴一疋馬直銀三百兩一牛直銀百兩一蟒段直銀百五十兩一布直銀九兩盜賊繁興竊馬牛肆行刼殺諸臣請 上用重典將盜賊竊盡誅戮

上惻然曰民將餓斃以延殘喘耳被獲者鞭而釋之可也遂 詔是歲治獄從寬仍發帑金遍賑窮黎案是時明季各省亦奇荒其君臣不能如 文皇帝撫恤以育疲瘵而反征利滋深災民致困農桑廢於徵求膏血竭於笞箠所以逾年李自成張獻忠輩焚掠裹脅賊愈殺而愈多疾病死亡兵日添而日少餉則無以爲

守守則無以爲勸故將領惟節節潰逃城池已在在淪
陷也
天聰十年明崇禎九年四月己卯內外諸貝勒文武羣臣以
太宗文皇帝安內攘外大業洊臻且獲歷代傳國玉
璽恭上 尊號 太宗弗允蒙古各台吉合辭勸
進至再至三勉從羣議乃受 寬溫仁聖皇帝尊號
於是年五月以後改元崇德國號大清案元順帝爲明
所敗攜璽逃至沙漠後崩於應昌府璽遂失越二百餘
年有牧羊山岡下者見一羊三日不食草但以蹏掘地

發之得此璽歸於元裔博碩克圖汗後爲察哈爾林丹汗所侵國破璽歸林丹汗　太宗前命貝勒多爾袞征察哈爾敗其衆貝勒等聞璽在蘇泰太后所索之旣得視其文乃漢篆制誥之寶四字以二交龍爲紐不異連城拱璧也

昔年泰山碧霞靈應宮凡民進香者泰安州官吏於每名勒收香稅銀一錢四分通年約計可得萬金否則不許登山入廟乾隆元年奉　旨蠲除

前明於張道陵後裔世襲正一眞人二品秩朝覲賜筵宴

國初因之乾隆十二年十二月大學士等議覆梅瑴成所奏將正一員人改為正五品秩缺出由該撫咨部襲蒲照道官例註册朝覲筵宴均如所奏停止奉 旨允行見 純皇帝實錄

向來 御門聽政大學士等未設氈墊惟圓明園有鋪設而乾清門尚仍舊制蓋以君尊臣卑豫防專擅之漸 純皇帝軫念年老大臣不忍就地長跪著鋪氈墊以昭優禮至意

定例大祀中祀令六科給事中各道御史照郎中陪祀

定例通政司參議輪管登聞鼓遇擊鼓者訊明奏聞其有因小事突入謊告首犯杖一百徒三年餘人減一等

定例除割腳筋法

定例凡應秋後取決者復行朝審熱審按秋後取決緩其死也朝審熱審慎其死也此 國朝重民命而廣好生矣

雍正間道府同知知等員俱准封章奏事然仍含默不敢言

嘉慶四年三月 上諭道員職司巡察即與在京御史有言責者無異況御史條陳糾劾得自風聞何如道

員身任地方目擊民情者尤為真知灼見耶嗣後除知府以下仍不准奏事外其各省道員均著照藩臬兩司之例准其密摺封章以副兼聽並觀集思廣益至意

定例蠲除米豆稅課按米豆乃閭閻朝饔夕飧免其輸納則糧價必賤民食必裕蓋恤商正所以惠民也

定例飭州縣所設民壯即行裁汰不得藉詞濫招

定例十年一修　玉牒二十年一修會典

定例下五旗官員有宣力出色者擡入上三旗

定例諱災不報嚴加議處

定例嚴禁奸商典質米穀

定例鄉會試之年不準條陳科場事務蓋欲使士子潛心
誦讀不便紛更章程以擾其心志也

定例禁商民販苗民子女

定例士紳把持鄉曲從重治罪

定例未經在下控告者院司道府不得准案

皇朝瑣屑錄卷七終

皇朝瑣屑錄卷八

嘉州 鍾 琦 泊農

掌故七十一則

京師內外城堞凡十五萬四千有奇見明史

盛京城在瀋水之陽周九里三百三十二步高三丈五尺厚一丈八尺雉堞六百五十有六高七尺五寸東南西北門各二壕廣十有四丈五尺周十里二百有四步闊城周三十二里四十八步高七尺五寸四面門各二

京師內城周四十里闢九門四維角樓各一四周修七千

八百七十九丈八尺崇三丈五尺各有奇堞廣五尺有八寸趾厚六丈二尺上濶五丈下設水關七外爲重城環抱東南迤北而止廣袤二十八里闢七門三面修四千六百三十二丈七尺有奇崇二丈堞廣四尺趾厚二丈上濶丈有四尺下設水關三各門建城闉形皆圜內九門惟東直西直門外七門惟永定門形方內外城壕源發玉泉山東達運河見　皇朝通志

皇城廣袤三千六百五十六丈五尺高一丈八尺下廣六尺五寸上廣五尺三寸甃以朱甎上覆黃琉璃城門四

前環御河跨石梁五卽外金水橋也內外立華表各二
工部遣官以時巡視補其闕損與丹雘之剝落者去草
之蔓生者其南歲一薙治東西北五歲一薙治
紫禁城門前左設嘉量右設日圭其制南北長二百三十
六丈二尺東西長三百有二丈九尺五寸高三丈堞高
四尺五寸五分下廣二丈五尺上廣二丈一尺二寸二
分闕四門南卽 午門北曰 神武東曰 東華西曰
西華四維角樓各一
正陽門之內爲 大淸門三闕飛檐崇脊左右石獅各一

下馬石碑各一門内房廊東西嚮各百有十間又折而
北各三十四間連甍接檻東通　長安左門西通　長
安右門門各三闕兩門中南嚮者爲　天安門乃　皇
城正門也
皇城南卽　天安門北曰地安東曰東安西曰西安　天
安門五闕上覆重樓九間彤扉三十有六兩廡各二十
六間東廡正中爲　太廟街門西廡正中爲
社稷街門兩廡之北正中爲　端門聯檐通脊東西各
四十七間又有六科垣舍及部院府寺司監之朝房迤

北東出者爲 闕左門西出者爲 闕右門東西廡各
三間爲王公朝集之所中 午門爲 紫禁城正門其
門三闕上覆重樓九間南北彤扉各三十有六旁設鐘
鼓臺規制宏敞輪奐輝麗左右各一闕西曰 左掖東
曰右掖 中對太和門
午門內兩廡各二十四間東廡之中爲 協和門西廡之
中爲 熙和門其內各五間兩廡之北正中爲 太和
門皆崇其基飾其楹隆其甍周其牖莫不巍峩輝煥前
列銅獅二其南環以金水河跨石梁五即內金水橋也

左門曰　昭德右門曰　貞度其内兩廡各三十二間東廡中為　體仁閣西廡中為　弘義閣東之北為左翼門西之北為右翼門各五間正中為　太和殿基高二丈殿高十一丈廣十有一間縱五間前後金扉四十金鎖牕十有六中設　御座前為丹陛環以白石闌陛五出各三層列鼎十有八銅龜銅鶴各二日圭嘉量各一丹墀為文武官行禮位范銅為山形鐫正從一品至九品清漢文列於　御道兩旁左門曰中左右門曰中右殿後東西兩廡又各三十三間正中為　中和

殿縱廣各五間方楹圓頂金扉瑣牕各二十有四南北
陛各三出東西陛各一出後爲　保和殿九間前陛各
三出與　太和殿丹陛相屬　保和殿左右各一門左
曰後左右曰後右南嚮前後出陛其東爲　景運門西
爲　隆宗門中爲　乾清門即　內宮正門此外朝之
定制也
乾清門南嚮五間環以石闌陛前列金獅二門內左右陛
北出者二正中爲　乾清宮廣九間縱五間中設
寶座前爲丹陛列寶鼎龜鶴日圭嘉量丹陛中道與

乾清門相屬左右陛南出者二東西出者各一宮之東爲 昭仁殿西爲 弘德殿皆南嚮東廡爲 端凝殿其東南出者爲 日精門西廡爲 懋勤殿其南西出者爲 月華門宮之北正中爲 交泰殿金頂制與中和殿同宮之東爲 東暖殿西爲 西暖殿宮後正中北嚮者爲 坤甯宮門後正中南嚮者爲 天一門後爲 欽安殿殿後爲 承光門門之後左曰 延和門右曰 集福門中曰 順貞門後曰 神武門爲 紫禁城北門也由 日精門而東南出者曰 内左門越

二百步爲近光左門自是而北爲東一長街以次列三
宮前爲　景仁北爲　承乾又北爲　鍾粹三宮之東
爲東二長街亦以次列三宮前爲　延禧北爲　承和
稍北爲　景陽三宮之東爲　齋宮殿曰　孚顯　齋
宮之東爲　毓慶宮殿曰惇本前爲　祥旭門外爲前
星門宮垣東嚮之門名　昭華名蒼震此由　日精門
而東之宮殿也由　月華門而西南出者曰　內右門
越三百步爲　近光右門自是而北爲西一長街以次
列三宮前爲　永壽北爲　翊坤又北爲　儲秀三宮

之西爲西一長街亦以次列三宮前爲　啟祥北爲
長春稍北爲　咸福三宮之北爲　重華宮殿曰　崇
敬曰　延慶宮之西爲　建福宮殿曰　撫宸曰　養
心宮垣西嚮之門名　啟祥名　長庚此由　月華門
而西之宮殿也由　景運門之東爲　奉先殿對
奉先門爲　正殿後爲　寢殿皆九間南嚮如
太廟制左列　神庫前列　神廚其東爲　甯壽
宮北爲　景福宮與　擷芳　文華　傳心　主敬諸
殿左右相屬其門曰誠肅曰　景行其東出者爲　東

華門即 紫禁城東門也由 隆宗門之西對 慈甯門爲 慈甯宮西爲 壽康宮東爲 壽安宮由 熙和門而北爲 咸安宮與 中正 英華 南熏 武英諸殿左右相屬其門曰 長信曰 長慶曰 永康左門曰 永康右門其西出者爲 西華門即 紫禁城西門也以上宮殿皆覆黃琉璃其勢崇隆其制輝煌其楨鞏固其基森聳遠望橋樓臺閣隱隱然如虹之跨而玉其腰如鼇之負而金其背不儉不奢合中合式眞萬年之攸宅百世之掖垣矣

皇帝登極先期遣官祇告 天 地 太
廟 社稷至日五鼓各執事官入 太和殿設
寶案於 御座前正中設 詔案表案筆硯案所
陳法駕鹵簿均如儀大學士等詣 乾清門恭奉
皇帝之寶至 太和殿安設 寶案正中黎明
皇帝詣 几筵前行祇告受 命禮畢至側
殿更禮服詣 皇太后宮行三跪九拜禮至時
皇帝由左旁門出乘輿導引扈衛如儀 午門鳴鐘
鼓先 御中和殿受各執事官跪拜畢禮部尚書至

檐下跪奏請卽　皇帝位於是　御太和殿陞座

鳴鞭王公百官行三跪九拜禮大學士詣　寶案恭

視學士用寶訖迺　頒詔布告天下禮成鳴鞭退朝

至　乾清門外降輿仍由左旁門入更衣還苫次是日

宮懸大樂皆設而不作表陳而不宣餘儀均與大朝同

太廟在　闕左　朱門丹壁衛以崇垣覆以黃琉璃大門

三左右門各一　戟門五間崇基石闌中三門前後均

三出陛於內外列戟百有二十　前殿十有一間

均聯檐通脊中三間梁棟金碧輝煌東廡爲配饗王公

位西廡爲配饗功臣位　中殿九間同堂異室內
奉　列聖　列后　後殿凡階級垣墉
如　中殿莫不巍然赫然以奉　祧廟神龕
均南嚮外牆周三百九十一丈六尺其祭器弆藏
後殿之東西廡

同治八年四月御史王書瑞具疏請飭直省修整城垣於
鬆懈處培之使堅缺損處補之使密庶捍禦有資民心
自固云云案易王公設險以守其國所謂險者城垣濠
池也使城高池深縱鐵騎如林亦不敢攻撲但官吏當

師旅倥偬時竭力興工迨肅清後又任其坍塌傾圮安得各州縣盡如侍御垂厪於樓櫓埤堄者哉

定例　專馬巡幸需用帳房官以藍布兵以白布由部備造存庫各旗屆期具領回日交納

定例京師大小工程皆豫爲營度有料估所司量丈尺權物價而以銀計定傭直而以錢計惟營工官不料估料估官亦承修以杜侵冒

定例物價木辨良楛量其長徑石辨堅疎度其厚薄甎甓辨精粗計其大小以物之差等分價之低昂

京師正陽門外設琉璃窰所陶瓴甋瓶甎質用澄泥色有青黃翡翠紫綠黑又江南蘇州山東臨清州均設窰囷水土作瓴甋甗甎取其堅膩耳定例窰廠不許逼衢處又山地木石有關寺廟墳脈者毋得採伐違禁者論

灤河三座塔地有石名慶雲萬態奇峯蓋宋花石綱之遺艮嶽物也前明曾移植瓊花島不知何時遷置塞外乾隆間紀文達公以編校閣書於役至此始訪得之

熱河墨斗嶺又名雲渡見曾公亮武經總要及王沂公行

程錄　聖祖渡此賜名廣嶺又棒錘峯即酈道元所
謂石挺　聖祖賜名磬錘
光緒初年時下詔求直言士氣頓奮封章日繁翰林院侍
講張佩綸請殺四川提督李有恆吏部主事趙林請斬
烏魯木齊提督成祿二弁皆縱兵殃民經奏參者佩綸與司業寶廷
編修何金壽皆請　訓責樞臣學士黃體芳參戶部
尚書董恂屯膏召怨請屏斥奸邪洗馬廖壽恆參大學
士李鴻章侈泰因循左右無一正人請　旨訓誡體
芳摺雖因措詞過當付吏議旋蒙　寬宥其餘條陳善

政指畫賑務者不可枚舉可見省臺袞袞直節良多博
問周咨原可收芻蕘之益聞二三貴人尚有謂新進建
言徒淆　朝廷耳目者噫

乾隆戊申　上以相臺五經鏤板特築五經萃室藏之
舊例科場試士士各習一經至是始用五經連歲取士
蓋感動　聖懷實由倦翁舊刻也

定例京官告假回籍員闕即八月選食俸十年以上許修
墓六年以上許省親五年以上許遷葬惟送親及歸娶
不論食俸均按遠近定限期家居不得過四閱月闔親

有疾年滿七十者急欲覲視聽之
定例教官食俸三年有故許假歸由督撫酌給限期該處
有訓導者不得以一人兼攝兩篆令州縣暫管
定例四品以上京堂降調不得補部院司官外任降官凡
援例出身者不得補正印官
定例捐納敘用人員由生員吏員例監出身者未經保舉
注册不得升京官及正印官
定例文三品以上用甘蔗棍武三品以上用棱竹棍總督
用兵拳獸劔鴈翎刀今則司道出省各縣辦差亦有之

定例武官大小均乘馬文三品武二品以上用引馬四品以上馬繫纓近年武試童生其馬不惟繫纓纍而馬韁用錦繡馬韁用黃紫也

定例在京滿員均騎馬一品文官老年有疾者許乘轎漢員文官乘轎一品至二品頂用銀幨蓋用皂在京舁夫四出京八四品至八品頂用錫幨蓋如之在京舁夫二出京四

雍正元年議准瀕江近海之區定例十年清丈一次恐未至十年有坍漲者令該管官不時清查坍者即行豁免

漲者即行陞科二年議准將內務府交出餘地及戶部
所收官地改設井田挑選一百戶前往耕種自十六歲
以上六十歲以下各授田百畝所以戶部差務有井田
科
粵東廣州府屬之番禺花縣肇慶府屬之陽春縣徵收民
米向有廚房米宮眷米名色米必細長潔白方準收納
計米一萬二千餘石似此嘉穀產少價昂民以為大累
蓋事起於前明故藩至　本朝為旂營武弁俸米乾隆
間兩廣總督文勤公覺羅鶴年始奏禁之夫天下之大

庶政之繁歷代相因豈無一二粃政今之從政誰能如
文勤用心哉

定例聯銜封奏必有言責者方准列名此外部院各員均
由堂官代呈

咸豐十年上海道吳煦曾募呂宋人爲兵令華爾統之頗
奮勇每戰爭先克復松江府郡人王韜有才略獻言謂
招募西人費餉多不如以鄉勇充數而雇西弁統領用
其法教演火器有西弁在前禦侮則鄉勇膽大而力奮
遂可收效於行間於是設洋槍隊號爲常勝軍後華爾

殁於陣白齊文繼之乃米利堅人攻克嘉定當塗青浦寶山以功大酬薄頗生觖望遂刼餉銀斫傷候補道楊坊竟往詣賊忠酋李秀成用爲謀主然疑之嘗勸忠酋盡棄江浙地斬伐茶桑焚燬廬屋無俾有遺然後轉戰於西北據齊豫秦晉上游之勢以控東南其地爲英法俄德之力所不至乃可以大逞其志幸忠酋弗聽後爲左宮保獲於閩解浙歸案訊問經山陰水發舟覆白齊文亦沈斃但爾時助逆者尤多前則從我以攻賊今反從賊以攻我其變特轉瞬間耳葢歐州覗從賊者固爲

悖理而從我者又爲圖利並非有實心眞膓也招募西人爲兵其流獘如此譬諸兩人之身血脈不相通痌癢不相關求其指臂之相使手足之相倚豈能得乎雖借助克復江浙亦不過權宜補救以白齊文而論軍情之虛實將士之勇怯地勢之要害餉糈之盈絀彼了了於胸中此輩非我族類若恃爲長用取利於目前必貽禍於日後矣

上海曹茹庵秦曾以舉人官莆田知縣其地好鬬善訟吏舞文爲奸賦役不均科派尤衆往往民田賦輕鹽田賦

重甚或田久淪而糧未除兼以匠役有徵夫役有錢爨至徵民代匠子錢半毋泰曾初至吏以例金餽卻之則倍餽笑曰汝曹乃敢陷我耶痛懲之一署震慴大姓陳以燈會擊斃曾氏子賄府道求脫力持之論如法有鄭元振者以犁擊人死前令擬抵巡撫易辭爲病死而死者子亦受賄易辭泰曾爭曰死有傷骨獄有初情失一官輕冤一命重不聽以失入被劾泰曾抱案歸曰官可黜案不可易也先是泰曾條利弊六事請之上憲尤以清賦役甦困苦爲亟銳意梳剔會失官遂已莆人思之

祀名宦泰曾性剛直面冷骨峭每論是非大聲震屋柱
頞間筋暴起當道欲增陋規見泰曾輒屏氣囁嚅同寅
亦逡巡避去卒以是罷斥束裝就道衣衾書籍外别無
他物晏如也
陸耳山錫熊由刑部郎中奉　命檢校永樂大典入四
庫全書館撰提要稱　旨特擢翰林院侍讀累擢至
副都御史以校書勞勩卒於官耳山以文章學問受
特達之知由郎署入翰林尤異數奉　敕編輯書
二百餘卷爲　高廟褒美每　國家諸大典　制

詔所宜多出耳山手方金川用兵時夜半擬　旨七
道耳山立進悉當　上意無一字改易性冲和純粹
詩文皆宏博絕麗幼從其祖瀛齡赴石埭學博任作陵
陽獻徵錄石埭縣志糾繆補陳壽禮志等書具有考證
瀛齡致仕歸其門人曰陛師貧瀛齡曰宦橐在孫腹矣
其嗜學如此
熊會琺字公玉以武生援例爲上海尉府吏有事於縣狎
尉而倨會琺怒詈之吏訴於府府以爲癲適奉憲檄擒
松江大盜名攔江網者巡道王雲銘約游擊某用兵會

琺日不須兵率兩役直入盜藪呼曰熊少公來羣賊環弓矢以待會琺昂然上坐而唶曰汝等猶憒憒耶大憲欲調兵痛剿汝無噍類尉雖微員不忍不教而誅故來曉諭汝等肯以一二巨魁從吾往者吾代求輕法餘眾取改過結狀以資了息如何眾皆泣下曰惟命次日牽擱江網入城道與游擊大奇之薦署丹陽主簿歷官至徐州知府有惠政此公以武生援例不惟有膽且有識若無識而徒膽則不足恃也古人云膽生於識誠哉是言矣

中樞政考內載提塘三年期滿不准咨請留辦查各省駐
京提塘例定十六缺今聞僅存十一人其餘五缺皆雇
倩他省提塘代辦而此十一缺中多有期滿留辦之員
訪察闕額所由來實緣貪領報貲不欲交卸即本省咨
送頂補有人來京亦必多方勒索攤派幫項私款至千
百金以致新咨來京提塘成進退維谷者又有私相授
受雇倩代理甚至業經病故而其子孫尙揹留鈐記不
願交出者近因文書遲延貽悞皆由提塘不能愼重郵
政之故其不能愼重郵政皆因期滿不即更替貪戀留

辦之故同治八年九月經御史劉慶具奏奉　旨嚴
禁不然日曠而日廢矣
咸豐七年　上諭軍需孔亟自督撫以至州縣各裁減
養廉以佐兵餉此臣子急公誼所應爾然肅清三十年
尚未賜復而官員藉口於養廉之不足肆行侵漁者益
情有所必至也
國初定例藩臬兩司有卓異康熙二十一年大計各省卓
異五十四人藩臬兩司遂有一十七人則結納之私徇
情之弊不待辨而自明矣給事中汪晉徵奏請停止嗣

後卓異祇行於道府以下而不行於藩臬兩司
國初開博學宏詞科所定考課之條其有淹貫經史羽翼
傳註優於理學者爲一選其有留心時務考究政治長
於經濟者爲一選其有才華典贍文詞高古工於詩賦
者爲一選
國家詔令莫不關係地方利弊若地方官一一恪遵
何利不舉何弊不除乃　朝廷勵精圖治不啻三令
五申而究其指歸往往空言塞責即如清積案行保甲
等事　詔令諄諄而地方官視爲藐藐上以實求下

以名應雖有良法美意未能下逮也同治三年八月御史周恒祺以整飭吏治具疏首重 詔令請 旨嚴訓各省大吏督率所屬地方官凡 詔令必實力奉行儻敢仍前延玩立予嚴參蓋上司之精神多周到一分則屬員之精神多振刷一分云云按軍興以來吏治廢弛同治三年殄滅氛沴周御史爲辦理善後起見是以具疏但予目所覩不惟 詔令延玩甚至於善後尚勒派橫征在此輩不遭奇禍必遭奇窮而督撫粧聾做啞均不能辭其咎也

同治十一年正月朔　皇帝親政孜孜求治二十六日
上諭在廷王大臣及各省封疆大吏務當共矢公忠
等因福建巡撫王凱泰應　詔陳言以捐納軍功兩
途入官者衆部寺各署額外人員少則數十多則數百
衙門擁擠祖宅昂貴實緣補缺無期徒耗旅費至於各
省候補者較京中倍蓰道則各省數十府廳州縣以數
百計佐雜尤更冗雜請　旨飭下部臣核議將京外
捐納軍功各班試用候補人員視其數之多寡酌留二
三成其餘飭令回籍聽候咨取云云按定例大挑人員

製定省分其名次在後者暫令回籍俟大挑班次補用一名該省咨取一名若部臣傚照辦理而仕途亦無壅塞之患又無逋累之虞且無夤緣鑽刺之風矣

乾隆元年定披甲人凌虐遣犯罪嗣後免官紳給披甲人爲奴

定例凡工程俱用部頒營造官尺式

乾隆元年　命各省提督總兵進京照督撫例不赴部投文

嘉慶四年命文員三品以下京堂官照圓明園例輪班奏

事

定例徇庇屬員本任官與護任官有所區別本任降二級
離任護任降二級留任
定例各宮女子有因病出宮者不准奏請病好仍復進宮
定例仲春選看入旗秀女仲秋選看內務府三旗秀女未
經留牌者方准字人應選看而瞞選看者字人有禁
定例滿漢小京官內有粗諳河務願往效力者自行舉報
由各堂官奏聞請旨
定例有職宗室覺羅犯笞杖罪者宗人府會同各部照律

降罰閒散宗室覺羅犯鞭笞罪者革去每月應領錢糧以抵其罪笞二十者革錢糧一月三十者兩月四十者三月五十者四月至鞭六十者六月七十者七月八十者八月九十者十月一百者一年若犯徒流者均照旗人折枷號日期分別拘禁枷號二十日者在宗人府拘禁四十日二十五日者拘禁五十日三十日者拘禁六十日三十五日者拘禁七十日四十日者拘禁八十日其犯軍流等罪悉照旗人軍流應折枷號日期在宗人府鎖禁統俟滿日釋放

定例　皇帝凡御行營除有豫備鑾儀衛差使毋庸佩撒袋
外其御前大臣乾清門侍衛等及統領豹尾槍之王貝
勒佩撒袋否則降罰
嘉慶三年十二月申禁各督撫年節進幣并減各鹽政關
差進幣十分之二
定例實錄館凡冬臘正三月各賞銀五十兩以為鐙火薪
水之資在廣儲司庫內支領
嘉慶四年八月定各省刑具式有私創及非法濫用者罪
之

定例　仁皇帝御纂各經書紹前聖之心法集先儒之
大成　命各省布政司敬謹刊刻聽人印刷以爲國
家造士育才之助
定例嬪薨　皇帝於五龍亭殯所上香　皇子薨輟
朝五日發引時幸擷芳殿賜奠
定例嚴禁米鋪囤積恐其居奇
定例水師毋輕調陸路
定例河工効用以六十員爲額
定例鄉會試內簾頒發　御纂經書

定例殿試策內不許用四六頌聯蓋士子進身之始即習
獻諛字句非導之以正況古人對策中亦無此體裁也
定例國子監助教等官遇丁祭時有陳設分獻事照禮部
光祿寺人員賞挂數珠以光祀典
定例宗室應鄉會試先由宗人府考馬步箭有優者錄科
鄉試八月初四日入闈會試三月初四日入闈派章京
在軏門識認至龍門外御史散卷擬制藝一篇八韻詩
一首初五日出場由禮部先期請　欽命題目於點
名時宗人府丞恭捧至院啟封刊印散給

聖廟執事人等向來未加爵秩雍正八年十一月特設
　聖廟執事官三品者二員四品者四員五品者六員
七品者八員八品九品各十員每逢祭日虔肅冠裳駿
奔趨事以光祀典凡此人員由衍聖公於孔氏子孫內
選擇人品端方威儀嫻雅者報部充補每年各給銀二
十兩
聖祖仁皇帝特命儒臣纂輯一統志卷帙浩繁久而未成
　世宗憲皇帝重加編訂次第告竣自京畿達於四
裔為省十有八統府州縣千六百有奇外藩屬國五十

有七朝貢之國三十有一圖以臚之表以識之凡三百五十四卷同治戊辰春予謁蔣璞齋方伯於錦城方伯篤念姻誼留宿藩轅味墨小室中見架上有一統志展卷披閱側見疆域之分合而知綢繆之圖貴豫也戶口之多寡而知休養之計宜先也風化之或淳或漓而知張弛調劑之弗可緩也賦役之爲盈爲絀而知催科撫字之當加意也至於求故實而悉制作之由稽懿徽而深仰止之慕薈萃史集暨諸志乘憲古證今眉列掌示俾後之覽者必將因所載爲治之具以求盡乎爲治之

功庶足仰副　聖祖　世宗教養涵育之深仁厚
澤矣
張湘濤制軍在兩湖所設書院課試各士子以實學爲本
近以時勢變通從光緒二十三年正月爲始不考制藝
凡居院肄業者令習化學算學如能力求心得爲國家
作育人才非淺鮮也
京師同文館學生所有升補膏火於光緒二十三年經總
理核准初習英文法文俄文德文以及醫術算學膏火
三兩以至六兩不等凡膏火給八九兩者每日酉刻預

備次日功課派副教習四員稽查論勤論惰有升有黜其年過二十者不收以示限制延攬王楊盧駱可以卜得人之慶矣

福建將軍兼船政大臣光緒二十三年三月據船政大臣所奏招考未冠藝童一千六百八十七名已冠藝童三千零六十四名逐日按牌在奉直會館扃試原取體氣健壯至於默寫經書以驗材質敏銳而已不尚詩文惟求通西學陶鎔爐冶爲折衝禦侮之選此正天與我中國振興自勵之機也蓋自古及今未有憤悱而不啟者

傾否而不泰者人事天時迭相倚伏彼挾制要求無乎不至或者天殆以磨礪我英雄使奇智之士奮發爲雄洞悉樞機揣摩政要於戰攻守禦之法鎗礮舟車之製認眞講習駕而上之不必言攘剔不必興撻伐西人失其所恃則消其桀黠傲睨之態遵我 王道同適蕩平矣所慮者招考藝童因循苟且畏難粉飾有負

皇上培植人才之至意耳

光緒二十二年七月 上諭飭令購置內河小輪蘇杭淮揚及江西湖南均經開辦蓋太湖鄱陽洞庭橫亙該處

渡江守風極形艱險况世勢變態多端我不爲之恐他
人捷足先得也
光緒二十二年丙申十一月通商大臣等以教民雜處諸
多轇轕定章頒示各省所有教民不信鬼神凡因公費
用除修橋砌路及賑濟飢饉仍照平民量力樂捐其餘
如創建菴院裝塑佛老迎神賽會設醮演戲與教民無
相干涉不可科派分文至於各姓修譜原爲正本清源
無分教民仍照常列載不得以曾經入教者而屏斥之
中俄兩國於光緒二十三年合力籌欵共修鐵路以俄所

屬之西卑里亞爲總會先從北京以達滿洲之東又由辣地窩士鐸谷與西卑里亞之鐵路相接續至中俄交界扼要處復分路以至砵呀打及遼東地皆與西卑里亞相連由西卑里亞北出蘭士卑歌路省及亞燒利縣俱俄所轄者爲修鐵路以通滿洲之北按此舉於通商固有利益但王道蕩蕩平平所慮該國來如疾風去似脫兔防不勝其防堵不勝其堵耳

皇朝瑣屑錄卷八終

皇朝瑣屑錄卷九

嘉州　鍾　琦　泊農

掌故七十四則

凡祀　天用蒼璧祭　地用黃琮祭　社用黃珪祭　稷用靑珪祀　日用赤璧祀　月用白璧

凡祝版祀　天靑質朱書祭　地黃質墨書饗　太廟祭　社稷白質墨書朝　日赤質朱書夕　月及　太歲以下均白質墨書

皇帝有事於　郊　廟皆御祭服祀　天
青色祭　地黃色朝　日赤色夕　月玉色
餘祭均黃色陪臣咸朝服
定例樂四等九奏以祀　天八奏以祭　地六
奏以饗　太廟七奏以祭　社稷朝　日饗
先農如之六奏以夕　月饗　前代帝王
孔子先師　先蠶祀　神祇　太歲如之自
天至　社稷爲上祀齋戒三日自朝　日
至太歲爲中祀齋戒二日　先醫火神龍神等廟賢良

昭忠等祠爲羣祀凡刲牲大祀中祀前一日禮部都察院光祿寺太常寺等官具朝服監視并瘞毛血羣祀牲太常寺等官監視

古者郊祀凡再行正月之郊爲祈穀月令及孟獻子所言是也十一月之郊爲報本郊特牲所言是也明季合爲一祀而併於歲首行之　國朝亦因此禮

定例歲以季春季秋月朔祭　堂子前一日有司立杆於　圜殿南正中石座祭日懸黃幡繫采繩綴五色繒百縷　皇帝御龍袞服乘禮輿出宮警蹕扈

從如元正儀又官員士庶不得設立 堂子有遵
例致祭者論
皇后祭祀於 大內執事女官有典儀有相儀有贊引
有前引均於宮人及官員命婦內選充
紫禁城東建 凝和殿以奉 雲師之神歲以秋分後三
日致祭北建 宣仁廟以奉 風伯之神歲以立春後
丑日致祭西建 昭顯廟以奉 雷師之神歲以立夏
後申日致祭北建 時應宮以奉 四海 四瀆之龍
神歲以季夏十三日致祭

國朝題定耕耤儀節係順治十二年告祭　奉先殿
耕耤禮係康熙十一年頒定樂章係雍正二年又
天子耕耤必用亥日蓋亥地上是倉星祭靈星必用辰
月案靈星是天田星在於辰位故農字從辰也
直省各州縣俱行耕耤之禮始於雍正四年　上諭朕每
歲躬耕田並非崇尚虛文實是敬　天勤民之至意禮
曰天子爲耤千畝諸侯百畝據此則耕耤亦可通於臣
下矣朕意欲令地方守土官俱行耕耤之禮使知稼穡
之艱難悉農夫之勞苦量天時之晴雨察地理之肥磽

庶爲官者皆時存重農課稼之心而爲農者亦斷無苟安怠惰之習似與養民務本之道大有裨益九卿詳議具奏雍正五年題准耕耤儀注頒行直省各擇東郊官地潔淨豐腴者立爲耤田即於耤田後建立 先農壇

定例執役 太廟首領內監一人內監二十人除廟尉外有廟戶三十三人 社稷壇首領內監一人內監四人除壇尉外有壇戶九十四人 傳心殿如之日壇月壇先農壇各有戶相等又 齋宮夫十有六人 具服殿夫八人執灑掃啟閉之役二十四人執宿直巡防之役二百九

十人執刲牲烹爨之役七十六人執芻牧洗滌之役三百八十人接人最衆費最冗與其多用人而耗費不若少減人而恤閭閻之膏血矣諸大臣含默不言者因定例恐其駁斥耳噫定例如此是何異於膠柱鼓瑟歟

孔尚任出山異數記康熙甲子十一月十八日　上至闕里詣　先師廟於奎文閣降　輦步行升殿跪讀祝文行三獻禮三跪九叩為前代所無牲用太牢祭品十籩豆樂舞六佾特書萬世師表額衍聖公毓圻隨從陪位親見　御袍翠裏有補綴燒痕仰歎我　皇上恭儉

至德媲美神禹矣
衍聖公正一品翰林院五經博士正八品孔氏南北宗各一人北宗以衍聖公次子襲掌奉中庸書院南宗以衢州聖裔襲周公後裔東野氏賢裔顏氏曾氏孟氏仲氏閔氏言氏有氏卜氏端木氏顓孫氏伯牛仲弓二冉氏各一人屬於衍聖公周氏張氏邵氏二程氏昌黎韓氏各一人朱氏二人關氏三人各就其家承襲太常寺博士一人正七品以衍聖公第三子承襲掌奉聖澤書院
國子監學錄一人正八品以聖裔承襲掌奉尼山洙泗

二書院國子監學正一人正八品以聖裔承襲四氏學教授一人正七品學錄一人正八品訓課孔顏曾孟四氏生徒以孔氏廪貢生選充雍正四年設聖廟執事官以孔氏子孫掌管又前代以聖裔爲曲阜縣知縣 國初因之乾隆六年改設世襲六品官

國朝順治元年定月朔月望行香及進士釋褐釋菜儀九年 上臨雍親祭行兩跪六叩頭禮康熙二十三年 上幸闕里釋奠行三跪九叩頭禮 御書萬世師表額頒闕里及天下學宮此頒額之始四十九年

詔直省大小武職入聖廟行禮此武職行禮之始雍正元年冊封至聖五代王更啟聖祠曰崇聖此五代封王合祀崇聖祠更名之始二年　諭以後幸學釋奠改爲詣學此稱詣學之始三年　詔郡縣丁祭并用太牢此郡縣用太牢之始五年　詔諭八月廿七日至聖誕期齋戒禁止屠宰此聖誕齋戒之始種種隆禮皆歷代所無士生其時官居其位讀論語者當如趙中令願致太平讀孟子者勿效王荊公惟規近利庶長壇坫之價益騰奎斗之輝以副　列聖尊師重道愛士求賢

之至意矣

康熙二十三年御史劉維禎題請臨雍釋奠仍用八佾十二籩豆爲例所格照常中祀案唐書開元時祀孔子樂用九宮舞用八佾明史成化弘治間又尊以八佾十二籩豆自張敬孚變易祀典改孔廟大祀爲中祀改佾爲六改籩豆爲十以孔子而論則秪爲大夫而未爲公侯非惟八佾不可即六佾亦不宜用以朝廷崇禮先師而論則區區八佾十二籩豆又何必減乎敬孚原本小人所言固不可循而御史題請復舊爲例所格者殊屬笑笑近年部臣籌款與例自相矛盾且有朝令夕改不知例爲何物者多多也

康熙朝以朱子昌明聖學有益斯文 命禮臣升躋神位於十哲之次乾隆二年徐文定公元夢奏請以有子

升堂配享且以宰我冉求一因短喪有不仁之責一因聚斂有非徒之斥謂宜移祀兩廡其舊在兩廡之南宮适宓不齊俱以君子見稱於孔子亦宜並予升配疏下大學士九卿議以有子升配子夏之下移祀朱子於子張之下餘悉仍舊

康熙五十四年以宋范仲淹從祀文廟從江南學臣余正健請也

嗣後雍正二年詔以林放縣亶牧皮樂正克萬章蘧瑗秦冉公都子公孫丑從祀兩廡先賢鄭康成范甯陳湻何基趙復金履祥陳澔羅欽順陸隴其諸葛亮尹焞黃

幹魏了翁王柏許謙蔡淸從祀兩廡先儒張廸從祀崇
聖祠乾隆二年詔以吳澄從祀先儒道光二年詔劉宗
周三年湯斌五年黃道周六年陸贄呂坤八年孫奇逢
二十三年文天祥二十九年謝艮佐從祀先儒咸豐三
年詔公明儀七年公孫僑從祀先賢元年詔李綱二年
韓琦九年陸秀夫十年曹端從祀先儒七年詔孟皮從
祀崇聖祠同治二年詔毛亨方孝儒呂柟七年袁燮從
祀先儒光緒朝以顧炎武張伯行楊名時陸世儀崇祀
先儒

國朝因明制於城隍祇稱某府某州某縣城隍之神最合體制今府州縣猶塑像巍然亦習俗相沿有不能驟革者歟又守令謁見儀凡涖任先祭城隍案張說有祭荊州城隍文許遠有祭睢陽城隍文杜牧有祭黄州城隍文韓昌黎有祭袁州潮州城隍文且高齊慕容儼梁武王紀皆祀城隍而著於史其來久矣蓋社稷雖尊祇以令式從事至祈禱報賽獨城隍而已張曲江所謂方隅是保民庶是依古人尊崇之意在此不在彼也

爾雅既伯既禱馬祭也說文禱牲馬祭也周禮禂牲禂馬祭也禂與禱通唐開元間仿周禮春祭馬祖夏祭先牧

秋祭馬社冬祭馬步案馬祖天駟先牧始養馬者馬社謂相士始乘馬者馬步爲災害馬者四時各有所祭今通稱馬王祭於春秋驛與營並重之閲政要覽太僕寺每年祭馬神在通州北四十里安德鄉春祭二月二十二日秋祭八月二十八日遣少卿行禮

大清一統志劉猛將軍名承忠廣東吳川人元末官指揮適江淮飛蝗千里揮劍逐之蝗盡死後殉節投河民祀之畿輔通志雍正二年總督李維鈞以神靈蹟顯著奏請所在官司以仲春仲秋戊日祭祀道光十六年正

月邸抄廣西省蝗蝻發生官司詣劉猛將軍廟祈禱當
起西北風蝗蝻自行殭斃奏請　欽頒匾額以答靈貺
案堅瓠集引怡庵錄以爲宋江淮制置使劉錡蘇州府
志謂是錡弟銳又一說以爲宋劉宰字平國金壇人未
免曲附當從一統志爲是
康熙丙子正月　天子爲元元祈福遣大臣分行祭告
二十七日　上御保和殿頒賜册文香帛給　御
蓋一龍纛二　御仗二蓋喬嶽河海之茂典　本
朝第一次舉行也凡四海五鎭五嶽四瀆闕里長白山

帝王陵共五十九處遼東廣甯混同江北海之神山東
萊州府東海之神山西蒲州府西海之神廣東廣州府
南海之神遼東廣甯北鎮醫巫閭山之神山東青州府
東鎮沂山之神陝西鳳翔府西鎮吳山之神山西平陽
府中鎮霍山之神浙江紹興府南鎮會稽山之神山東
濟南府東嶽泰山之神陝西西安府西嶽華山之神河
南河南府中嶽嵩山之神湖廣衡州府南嶽衡山之神
山西大同府北嶽恒山之神四川成都府江瀆之神河
南南陽府淮瀆之神河南懷慶府濟瀆之神山西蒲州

府河瀆之神　至聖先師闕里兀喇地方長白山之
神河南太昊伏羲氏陵陳州商高宗陵西華周世宗陵
陳州漢光武陵孟津宋太祖太宗眞宗仁宗俱陵鞏縣
湖廣炎帝神農氏陵酃縣帝舜有虞氏陵甯遠九疑山
山西女媧氏陵趙城商湯王陵榮河陝西黃帝軒轅氏
陵中部周文王武王成王康王俱陵咸陽漢高祖陵涇
陽文帝陵府城東宣帝陵長安唐高祖陵三原太宗陵
九嵕山憲宗陵涇陽後魏文帝陵富平山東少昊金天
氏陵曲阜帝堯陶唐氏陵東平直隸顓頊高陽氏帝嚳

高辛氏俱陵滑縣商中宗陵內黃金太祖世宗俱陵順天府明宣宗孝宗世宗俱陵順天府天壽山元太祖世祖俱陵塞外起輦谷在順天府望祭浙江夏禹王陵會稽山江南明太祖陵鍾山遼東遼太祖陵廣甯木葉山同治七年三月御史王書瑞以禁絕淫祠具疏謂兵燹後各城鄉寺廟佛像俱遭灰燼趁此申明例禁除社祠祀典外槩不准建寺廟塑設佛像庶根株永絕無從借端生事云云按王侍御所奏固有關於世道人心惟俗尚慆淫往往迎神賽會創建菴院名爲義舉邀集婦女名

爲善會久而久之遂有不僧不道爲鬼爲蜮之徒溷跡其中借邪教說法惑衆歛錢耳夫盜賊之起必先有聚聚必先有託張角孫恩此亦遠鑒之堪思洪秀全宋世傑近事之可驗者也憶嘉州有炎帝會歲耗金錢三千有奇婦女濃粧艷服街市競奇鬭異而匪類從中蟻附蠅奔因軍務會經止辦同治二年二月士庶具禀復興邑侯劉公樸園問予對曰古者鑄鼎象物使其知神姦而已今市人借炎帝之名泥而塑木而雕金而塗聽造奇形怪貌朱髮藍面與民紛然雜處於是妖憑其中爲禍不足爲禍有餘然災禽多祭愈盛越人禨而楚人鬼無所底止也趁此申明例禁惟飾在廟香毋庸迎賽不惟節糜資且匪類無從借端滋鬧再將神本生息案年積穀以備荒歉化無用爲有用劉公納其言而市人謂予欺神滅像肆行訾謷劉公遂任其如顛如狂噫不能不望狄梁公復生矣

凡　皇后大喪　皇帝縞素十三日而除兩月後
御門聽政至移　梓宮於　殯宮日　皇帝
親臨祭酒恭理喪儀初行殷奠次啟奠次祖奠又次遣
奠張黃幕於二門之右設反坫尊罍諏吉行　冊謚
禮　皇帝素服詣　册寶案前一跪三叩旣卜葬行
大祭禮親詣　梓宮祭酒不往送沿途分站豫設
蘆殿繚以皇幔城二十七日內用藍印京官廿七月不
作樂期年不嫁娶軍民二十七日素服百日不作樂一
月不嫁娶

凡皇貴妃喪疾革自大內移至吉安所初薨皇
帝輟朝七日素服十日貴妃喪如前皇帝輟朝
五日妃喪如前皇帝輟朝三日嬪喪疾革自
大內移至吉祥房初薨皇帝輟朝二日貴人
喪如前不輟朝皆命所生皇子公主持服屆時
奉安金棺其禮其儀視皇后制分別遞減凡皇
太子喪已冠者皇帝成服十三日而除未冠者惟
去冠緯輟朝七日在京官民十三日內不作樂不嫁娶
直省官民以文到三日內如前凡親王喪皇帝輟

朝三日有　特恩親臨者王子等跪迎於大門外設
御座於左禮部堂官前引有司設几奠　皇帝坐
祭酒舉哀畢　駕興王子等跪送如初郡王同
定例公爵祭銀四十兩葬費六百五十兩侯三十五兩葬
費六百兩伯三十兩葬費五百五十兩予謚立碑者各
給銀四百兩子如一品官之數予謚立碑給銀三百五
十兩散秩世襲祇給祭銀無葬費男爵無謚全葬半葬
皆視其兼他職與否請　旨核奪祭銀數與二品官
同

定例滿漢文武一二品官有年老致仕病故者應得䘏典
與見任同出殯日滿人用丹旐漢人用銘旌一品陳鞍
馬六匹祭羊五饌筵十楮帛二萬八千二品陳鞍馬五
匹祭羊四饌筵八楮帛二萬四千覆棺皆以銷金青藍
綺爲帷舁夫五十六人三品至九品者遞減見　皇朝
通典
定例凡大臣病故有位隆望重者喪聞　皇上軫念輟
朝　親臨祭酒或遣王公大臣往奠或賜爵秩祀發
帑治喪並出　特恩餘皆按品給與祭葬之費文官

尚書武官都統以上由內院撰文遣官宣讀致祭祭銀二十五兩葬費五百兩易名　賜謚勒碑者給費銀三百五十兩侍郎巡撫等二品官應得䘏典不請謚者遣官致祭與一品同給祭銀二十兩在任已及三年給葬費四百兩未及三年者半之三品官祭銀十有六兩葬費三百兩四品官祭銀十有二兩葬費二百兩五品至七品祭銀十兩葬費一百兩內由工部外由布政使司給發

定例文官知縣武官守備以上如死事行間者以加贈品

級給與祭銀
同治四年李傅相於上海奏設機器局以鑄槍礮五年巡
撫丁日昌奏設船廠船塢均奉　俞旨在案八年奏
設繙譯館於西北隅以廣方言館生徒移附九年添建
洋槍樓气機廠測望臺畫圖房統計方廣五百餘畝先
後糜白金三十萬有奇（廉訪應寶時於九年修造有記內云糜白金二十餘萬光緒以來添建木廠大气廠尤爲擴充又糜費十萬有奇予接此亦古人備物致用立成器以爲天下利之意）
同治六年江蘇巡撫丁日昌以設局刊書具奏所陳設局
委員選擇有關於吏治之書者彙集成編如所言聽訟

則分別如何判斷方可得情言催科則分別如何懲勸方免苛斂胥吏必應如何駕馭方不受其欺朦盜賊必如何緝捕方可使其消弭他如農桑水利學校賑荒諸大政皆分門別類由流溯源芟節其冗類增補其未備俟刊刻告竣即當頒發各牧令俾資程式云云蓋天下者州縣之所積州縣得人盜賊匿影故丁中丞立意愼選牧令此卓見也然選牧令必於平日先使其耳濡目染於經濟吏治之書臨政有圭臬遵循不然懵懵懂懂未有不蹶跌不躓蹱者矣

嘉慶十八年十一月　上諭嗣後各直省州縣官到任後先周歷鄉村稽查保甲將境內有無邪教申報該管上司如訪有萌芽立即查拿究辦毋稍玩泄等因仰見睿皇帝鋤邪善俗經正民興至意查捕務首在除叛民而叛民率多習邪教如道光末年洪秀全挾卜筮星相之術與楊秀清等徧蠱鄉愚陰謀不軌而潯州籐縣陸川桂平輾轉相從者愈眾時丁未戊申飢饉薦臻鄉村練團以禦土寇各樹援植黨不相統率洪秀全乘機潛煽共推為帥主而文恬武嬉漫不為意賊於是乎得

逞其志矣蹂躪十六省盤踞十三年國帑費及億萬韓
民命傷及億萬家該官吏果能恪遵　睿皇帝上諭
及早認眞查拿何致於遂成極重難返之勢潰決不治
之憂耶
京師畫界分治大宛兩縣與五城兵馬司地方毗連五城
以京營所轄爲界兩縣以在外營汛所轄爲界又五城
各以巡視科道爲統轄官指揮爲專管官副指揮吏目
爲分管官凡承審承追承緝承驗傷痕並提解人犯以
及差委令副指揮吏目分任驗屍由指揮與州縣無異

凌如煥以侍講視學湖北舊例各給新進書籍而令繳銀名書價在任即禁絕之自楚旋京見歸州灘凶浪湧舟子多覆溺具疏請設救生船又奏開墾陞科有司舉報不實按冊有餘按畝不足勢必勻派飛灑且有泥面石骨之田並濱河各地稍遇漲發淹爲巨浸此皆假田而難熟者請分別勘報均下部議行運河決口　詔查災塌如煥奏請嗣後災塌處督撫不待部文即許地方官動支庫銀倉穀量給報銷著爲令如此災民方得受其實惠若待查勘申報動經歲月老弱盡斃於飢寒強壯盡流於盜賊也擢兵部右侍郎典試江西

過北新關奏除納稅照票冗費之弊雍正己未以親老乞終養　特賜御書福字有以爲爾父壽考徵之旨歸里日父起潛年九十兄濬玉亦逾六旬相與作孺子色此人生世上眞不容易得者

康熙五十四年江浙蝗災　聖祖御製捕蝗說有云是物除之於遺種之時則易除之於生息之後則難除之於跳躍之時則易除之於飛颺之後則難除之於穉弱之時則易除之於長壯之後則難朕每歲命官吏督率農夫於冬季則掘其種毋俾遺育於土中或災過甚計

其所捕多寡以給錢但有治人無治法惟視力行何如耳又史侍御茂具疏有云捕蝗捕蝻（出土其形如蟻三日如蠅能跳即名蝻又七日如蟋蟀能飛也）非草莽而爲也未發塞其源既萌絕其類方熾殺其勢生長必有其地（在水涯澤畔間）蝝動必有其時（立夏前後）驅除必有其器（性畏金聲炮聲柵條荊條）經畫必有其法（委紳設局收買）於鬪暇時爲未雨綢繆之計按 聖祖及史侍御所言蝗災乃正本清源化沴爲祥之良法也

宣宗成皇帝幼即神武智勇天錫乾隆辛亥秋侍 高宗純皇帝行圍威遜格爾引弓獲鹿壹 動 天顏喜

褶翠翎　寵眷優渥　御製詩堯年避暑奉

慈甯樺室安居聽敬聽老我策驄尚武服幼孫中鹿賜

花翎是宜誌事成七律所喜爭先早二齡高宗以十二歲時木蘭從獮初圍得熊

上則初圍得鹿年甫十齡也詩又云　家法永遵緜奕葉

承　天恩貺愼儀刑則期勗之意深矣

道光三十年庚戌正月十四丁未　宣宗成皇帝崩於

圓明園愼德堂苫次恭讀遺詔朕仰承基緒兢兢業業

恐不能克紹鴻圖曷敢上擬　祖　考朕萬年後

勿行祔　廟之禮其　奉先殿　壽皇殿

安佑宮乃古原廟惟遵循舊制至於各陵五孔橋
南均有聖德神功碑樓制度恢宏規模壯麗在
列祖列宗之功德自應若是尊崇昭茲來許朕
則曷敢上擬鴻規妄稱顯號而亦實無贊美處徒
增後人譏評朕不取也惟碑上鐫刻大清某某皇帝碑
陰鐫刻陵名嗣皇帝即欲撰作碑文用申追慕即可鐫
於宮門外不可於五孔橋南另行建造及樹立石柱至
碑文亦不可以聖神功德字樣率行加稱若當時君臣
不仰體朕懷不遵朕諭是使朕生平憂勤惕勵成故套

也又 大內供奉 列祖 列宗冠服所以昭
法守而傳儉樸乃相沿已久愈積愈多且錦文珠繡殊
失垂示後昆朕萬年後秖可將秋冠涼冠各一襲袞衣
服四襲照例收貯外餘皆留用或爲賞賜之需其自鳴
鐘種種器玩虛文無益朗應裁止敬按 宣宗成皇
帝 御極三十年以敬 天 法祖勤政愛民
爲本躬行節儉不好聲色貨利中外貢物裁汰過半若
殄滅醜類悉本 廟謨盡智勇 天生而神武不
殺寬嚴交濟故莫不震慴洎 璇宮棄養擗踊摧傷

遂至大漸以視舜之大孝五十而慕夫何間然粵稽唐
虞禹皆曰成功湯曰成湯周曰成周惟　宣宗成皇
帝克集大成是卿車攻吉日作爲雅歌不足以媲徽萬
一他如漢之本始唐之大中明之宣德更瞠乎後矣
定例科道內升外轉准三年舉行一次
定例雲南貴州四川兩廣庶吉士不必令習清書
定例本省藩臬禁舉同籍官員恐開黨同朋比之弊
定例州縣城垣無論工程千兩上下統令動帑修補
定例科場首嚴懷挾而無恥者於衣裘中藏匿文字故律

令有皮衣去面氈衣去裏乾隆十年　上念會試在
風簷下非衣裘不足禦寒命停皮衣去面之律令
定例廩附中有貧苦者偶遇荒歉不免飢餒准學政飭令
教官按名造册送所管州縣覈實詳報即於公欵內量
撥銀米移交教官散給此舉固善但學政每逢科歲試
匆匆遽遽是猶項斯未至先說其來呂安旣臨即籌其
去豈惟不暇辦賑濟並且轅門外穀價翔貴不知也人
情震驚亦不知也殊屬深負　列聖軫念寒士之至
意

定例學政濫取文藝嚴加議處　葢愛惜培養者上之本懷

而慎重清釐者政之大體與其寬登選以啟倖進之門

不如嚴俊造以收得人之效也

定例學政於遺材槩收錄送者議處向章每舉人一名額

取錄送三十名嗣後加至一百名亦不爲不多矣乃學

政等徒博寬大於遺材普取錄送以致文理荒謬者皆

得濫冒入場竟以觀光爲游戲殊失賓興大典之至意

定例直省額中舉人二十名內許中官卷一名如無佳文

甯缺無濫仍以民卷補足零數不足二十五名者不准

錄取

定例內閣侍讀六部司員其子弟應試不編入官卷

定例漢軍人員迴避直隸滿洲人員迴避五百里以內

定例

天壇

祈穀壇陳設祭器俱用天青色成造

地壇陳設祭器俱用明黃色成造

定例出師凱旋

皇帝躬率王貝將帥諸大臣恭謁

堂子按

堂子乃我

朝始有所祭之神即

天神也

列祖膺圖御宇既稽古郊禋而燔

柴典重舉必以時

堂子則舊俗相承遇大事及春

秋季月上旬必祭　天祈報歲首最先展禮定鼎以
來恪遵罔怠且不易其名重舊制也考諸經訓祭
天有郊有類有祈穀祈年禮本不一兵戎國之大事故
命將出師必先恭謁　堂子正類祭遺意
定例陪祀日大臣於本衙門齋宿內大臣等紫禁城內齋
宿
定例遇有國喪百日內不准薙髮犯者立即處斬亦如進
關時漢人不遵薙髮者無不正法乾隆十三年　孝
賢皇后崩河督周學健巡撫彭樹葵楊錫紱知府金文

醕因先期薙髮俱拿交刑部嚴加治罪總督塞楞額
亦賜令自盡葢君臣上下之所以相維繫者以其有
名分耳若於名分所在慢易而不知敬藐視而不相關
則紀綱陵替人心澆漓所以　純皇帝率由　祖
制以期整頓欲法在必行矣
定例故殺子孫者杖六十徒一年嫡繼慈養母殺者加等
致令無嗣者絞按律文加等治罪初讀頗駭異細思嫡
繼慈養與親生有間當戕害軀命則母子之恩已絕況
致令無嗣則得罪於其夫得罪於其夫之先人原其初

雖曰母子也夫婦也至於故殺而母子夫婦天倫盡廢執國法以繩之固殺人之兇犯耳

定例教官衰邁俸滿由督撫咨革按近年督撫既不肯輕保舉亦不肯多咨革惟使龍鍾病瘦輩濫竽戀棧益視教官為無足重輕然未計及為造士之根本也

定例臬司道員有本身及妻室應得封典不准貤贈高祖父母按封典以三代為限此即古者大夫三廟之義蓋專為二三品官不能封贈其曾祖父母四品以下不能封贈其祖父母推廣錫類以曲成其報本之意若已得

三代封贈而又貤封高祖父母是四代矣綸綍寵錫至
三代已光泉壤更等而上之抑將何所限制乎律令不
准貤贈高祖父母俾知定分之不可踰越也
定例歲給故明宗室銀親王五百兩郡王四百兩鎮國將
軍三百兩輔國將軍二百兩奉國將軍一百兩中尉以
下每名各給地三十畝
定例給僧道度牒俱納銀三兩二錢此前明之秕政
國初因之順治二年奉　旨寬免
定例命督撫學政採訪遺書不論刻本鈔本隨時進呈以

廣石渠天祿之儲
定例見任官員嚴禁建立生祠以及萬民傘萬民衣按此等俗事皆出於劣紳獻媚逢迎與家丁胥吏倡議糾合假公斂費上以結交官長下以私飽囊橐而非出於輿論之同懿德之好也
定例督撫奏補人員於摺內聲明本人科分籍貫以憑
皇上酌奪恐其以公朝之官階而爲私門之桃李也
定例旗員遇有親喪持服百日後入署辦事因旗員人少若令離任守制恐致誤公惟二十七月內凡遇朝會祭

祀免其行走若至　御前仍用吉服其升遷處暫停
開列
定例副將以上准丁憂參將以下不准丁憂並給假葬親
蓋防守汛地若丁憂離任恐更易生手於武備有窒礙
乾隆二年　純皇帝於不准給假治喪其情可憐嗣
後定參將概得給假其父母歿在任所者准其扶柩歸
葬在籍者准其回籍奔喪近者不得過六箇月遠者不
得過十箇月
定例州縣於應收火耗外加重絲毫者督撫立即題參嚴

行治罪若被御史劾發將督撫嚴加議處蓋朘脂膏而肥囊槖乃國法之必不可宥者矣

定例侵貪人員審實有憑者斬立決蓋律不容弛法當共守與其失之寬而犯者眾不如顯然示以無所假借俾知懲戒而不至更蹈覆轍所全者實多也

定例官犯於秋審朝審時或應緩決或應情實者刑部另繕清册進呈候　旨裁奪如此則司員胥吏不得以意爲輕重况官犯與民罪有別亦所以示廉恥等級之意

定例宗室王公房支承襲准追封三代不必予謚會經查
退者不准追封
定例吏禮二部堂司各官向無養廉乾隆十四年 純
皇帝軫念清苦於三庫飯銀贏餘數內各賞給銀一萬
兩分贍養廉以示優加體恤之意
定例官員於引見得缺後資斧維艱准其具呈戶部豫支
養廉酌量道路遠近以定多寡到任一年內分作四季
扣還不願者聽如此則居奇者平日大利盤剝之弊不
禁而自絕也

定例吏部銓選官員按冊掣籤盖銓選之法屢變而皆不能無弊惟按冊掣籤尚有成法可稽以覘前明之擬缺注選者實爲公正

定例督撫考察屬員有先舉而後劾者有先劾而後舉者陳明緣由均免議處盖居官者始終改操前後易轍往往不免書云惟聖罔念作狂惟狂克念作聖固未可以一時之操履而遂定其生平也

定例各直省老民老婦從前已經旌表建坊給幣者遇有恩詔不得再賞乾隆元年七月 上諭此乃

熙朝人瑞自應一體霑恩以昭曠典著地方官造册
彙奏凡從前已經旌表者照常加賞以示優待耆壽之
意將此永著爲令
定例王公大臣凡　內廷供職者年終有麅鹿之賞至
於各物由內務府領票向各庫支領所賜六色四色兩
色不等按各物者藏棗胡桃木檽蔴茹榛霜紫菜氷魚
山雞等類魚大半尺氷厚三寸山鷄則祇具皮毛胡桃
票開一斤領時僅給兩握其間太監等從中沾潤
定例除夕日王大臣等至　甯壽宮辭歲　皇太后頤養之宮在

皇極門外恭候其門外有琉璃影壁一座上嵌九
龍俗呼爲九龍碑數十武爲　皇極殿殿後數十武
卽　甯壽門門外鋪芝蔴秸其軟如綿左右蒼松翠
栢樹影森翳日中　皇太后升　甯壽殿　御
伶等作樂奏萬壽無疆之頌王大臣及六部九卿由
甯壽門魚貫而入隨　皇上行三跪九叩禮畢俱
賞荷包二具一橢圓式一元寶式全黃色中藏銀錁又
賜食盒有奶餅杏酺桃仁粉皮及芙蓉糕復頒裱
成紅紙春條一幅長二尺寬三寸俱書四字吉祥語王

大臣等領回敬懸堂上爲度年宜春之象
皇上元旦受賀循例坐太和殿其殿寬宏高大前列銅鼎
六具乃漢唐物左右金缸四口又古銅鶴二古銅龜二一
殿廣九間五進中有臺雕刻玲瓏設 寶座後列屏
風旁列兩案各設四爐四瓶俱瑒珊琇瑩莫不璨璨然
中懸 高宗御書建極綏猷額字大五尺座後兩柱
楹聯云帝命式於九圍茲惟艱哉曷敢弗敬天心佑夫
四海丞言保之適求厥寧
皇上坐 太和殿先由乾清宮簷下乘禮轎經 保

和殿　中和殿從後門入　太和殿　升座靜

鞭三響寶鼎凝煙兩旁有三旗豹尾槍及傘扇斧鉞麾

旗無算地鋪氈毯作十字形由鴻臚寺序班引王大臣

前進贊禮者唱跪即跪唱叩即叩然後六部九卿依品

級在階下數十武外行三跪九叩禮

皇朝瑣屑錄卷九終

皇朝瑣屑錄

卷十之十三

皇朝瑣屑錄卷十七

嘉州　鍾　琦　泊農

掌故一百一十七則

咸豐六年河南學政俞蔭甫編修樾奏請援蘧瑗之例以鄭公孫僑從祀文廟兩廡又請孔子兄孟皮配享崇聖祠　詔下禮部議皆如所請查編修賓萌集中載文廟祀典議略曰今所傳詩訓大毛公亨所爲也大毛公之詩其源出於子夏鄭康成本之而爲箋孔穎達因之而爲正義乃文廟從祀有小毛公萇

而無大毛公亨非先河後海之義宜增入者一又曰漢祭酒許慎學於賈逵從受古學著說文解字十四篇凡古文舊說散失無傳者賴其書猶存什一鄭康成注禮嘗徵引及之慎又著五經異義貫通經學著述非一而說文解字一書猶爲言小學者所宗今春秋有事文廟慎不得與配享之列無乃闕與宜增入者二編修又有孔忠移祀崇聖祠議略曰家語稱孔忠字子蔑孔子兄子即孟皮之子今從祀大成殿東廡位在狄黑下公西蔵上然忠乃子思之從伯叔父子思爲四配之一祭

於殿上而孔忠祭於廡揆之倫理有未順焉伏思顔路曾晳並孔子弟子今不祀兩廡而入崇聖祠者避其子顔子曾子也孔忠於子思非父子然禮曰兄弟之子猶子也案古人於兄弟之子無不稱子者漢書疏廣疏受傳可證竊謂孔忠宜移祀崇聖祠以安子思之神云云編修自中州罷歸閉關抱經譔箸宏富其抗議祀典多有根據甚愜士心

蒲城王文恪公鼎爲　宣宗朝名宰相長戸部十年綜核出入人莫能欺管刑部多所平反先後讞獄九省理重案三十餘起彈劾大吏不少瞻徇劾兩淮鹽務奏上

節浮費革根窩等八條並請裁鹽政由總督兼轄淮綱
爲之一振道光二十二年河決開封公奉　命往治
駐工六閱月糜帑少而成功速皖豫士庶至今德之還
朝值西夷和議初成公侃侃力争忤樞相穆彰阿公
退草疏置之懷閉閤自縊冀以尸諫迴　天聽也時
軍機章京某方黨穆相就公家滅其疏別撰遺摺以暴
疾聞設當時竟以公疏上穆相之斥罷豈待咸豐初年
蕞爾島夷知　天朝有人或不至驕横如此吁朋奸
害正摧我屏藩滄海鯨波滔滔靡底　聖君賢相之

靈當亦在天齎恨矣
諸城竇總憲乾隆間由閣學出爲河南學政丁憂歸甫逾
年 上以南書房缺人 命山東巡撫傳 旨
起公公泣辭曰光鼐在衰絰中不敢奉 詔巡撫屬
公陳謝公又曰不祥姓氏不敢内陳敬煩代奏 上
聞而韙之
賽音諾顏部元太祖十八世孫圖蒙肯之裔三傳至策凌
康熙四十五年授和碩額駙即所謂超勇親王爲定邊
左副將軍創蒙古諸藩未有之典以功配享 太廟

者其世子成衮札布平伊犁以功嗣父爲定邊左副將
軍其次子車布登札布以功　詔晉親王旗以其父
超勇之號圖形紫光閣錫金黄帶兼議政大臣尋代其
兄鎮守臺驛父子兄弟三爲定邊左副將軍節制五千
里閫閾威名二百年未之有也成衮布札子那旺多爾
濟尚固倫和靜公主又長朔漠　國朝外藩勛戚之
盛内蒙古推科爾沁部外蒙古推賽音諾顔部
西湖龍井寺以秦淮海倅杭時與寺僧辨才往還遂成名
勝乾隆二十七年　高宗皇帝親奉　慈輿省

方南服駐蹕湖壖旬日中　琴華四章　宸章題詠多至三十一章自來勝剎精藍莫之與比見莊中丞有恭碑記乾隆六十年淮海裔孫小峴侍郎瀛備兵浙右刱建淮海祠侍郎自撰一記一跋而梁山舟侍講爲之書南康謝中丞啟昆有謁祠詩二首同嵌壁間足稱三絕杭州兩遭兵刼今不知興廢如何矣

嘉慶十八年戶部尙書英和奏言自乾隆年間以來入官地畝甚多他不具論即如和珅福長兩家入官地畝不下二三千頃至今並未升科屢次查催地方官奉行不

力盡飽吏胥囊橐且有以蠹瘠換膏腴者請嚴飭直隸總督即速升科無令隱匿侵蝕抵換于國用亦有裨益據此則二三千頃之田合計有二三千萬畝李憕地癖王戎籌算亦不過如此之廣矣予道光丙申游錦里寓楊忠武公家於案頭見籍沒和珅册除地畝外所載異寶奇珍纍纍末路抄誅用伸王章皆由攬權納賄恣行無忌耳夫縱欲必求多藏多藏必召厚亡此古今相因至理試觀秦檜之格天閣嚴嵩之鈐山堂元載之鍾乳五百兩胡椒八百石賈似道之蘭亭石刻八千匣櫝

終歸烏有和珅輩不援以爲鑒而復踵其後塵古人云
山童澤涸今笑後哭愚也闇也亦可哀矣
同治六年七月御史周恆祺以請整飭吏治具疏謂近來
軍營保舉人員往往於實官上並加升銜而州縣一途
爲尤甚推原其故州縣官階雖卑利權[illegible]欲攬其利
權之重而又嫌其官階之卑於是無人不求升銜刻下
各省候補實任人員不下數萬而求其五品之州七品
之縣寥寥無幾等威莫辨何以崇體制而勵人心至於
佐雜末秩每先謀一五品六品之功牌於勅捐時塡入

照中冒爲軍功保獎更非慎重名器之道可否請
旨飭部核議軍功之升銜如係保官後另案加保或自
行加捐者准其隨帶若一案中官銜並得者則銜可注
銷佐雜之升銜如係到省後援例加捐者准其隨帶若
未得官前之升銜亦可註銷云云按名器以待有功品
秩官階不可以濫厠雖一命之榮一級之賞亦所以錄
微勞自師旅倥偬凡得升補者多由夤緣請託而來所
以上無眞才之效而下多倖進之徒恐　朝廷逾格
之恩適爲巧宦鑽營之計也

定例罷斥人員不能錄用近以軍興需材孔亟往往破格
仍予開復而歸原省以補用者同治五年四川總督崇
實具疏謂該革員等有赴軍營投效經統兵　欽差
暨各省督撫以勞績保舉開復者有加倍捐納准其歸
原省補用者在　朝廷寛大為政不追既往許其自
新以觀後效惟令仍歸原省則於治理大有關係查罷
斥者諸多聲名狼籍若准仍歸原省則大吏彈劾之權
幾成畫餅而貪位梯榮之路巧於轉圜請　旨敕下
部臣除因公詿誤奏請開復人員不在此例外若被計

典及甄别罷斥者即有勞績並加倍捐納皆不准仍發原省云云竊思仕途甚寬何地不可托足而該輩戀戀於原省者因有世誼在彼處執柄欲依草附木以遂其貪饕殘蠹之計耳據崇公所奏於延攬之中亦寓攸分涇渭之意俾舉錯益昭愼重而政體仍無窒礙也

同治二年三月御史汪朝棨請禁止奪情具疏謂軍興以來帶兵大臣暨各督撫或以全局所關資其鎮守或以重城新復賴其維持我 皇上顧念疆圻 特旨奪情是爲變通權宜之計誠非得已至於道府州縣隨

營人員豈得貪驩虞之小補毀名教之大防乃近來各官一經聞訃百計鑽謀爲奪情之舉各督撫輙爲具疏代懇於是奏留後屢登薦牘濫邀名器州縣有保至監司大員者是以哀痛之身爲梯榮之徑也相應請

旨飭下各督撫除軍務省分帶兵人員防剿喫緊准其

奏請奪情仍俟軍務告竣再行回籍守制其餘隨營人員及道府各官概不准其代懇奪情云云竊惟忠臣致身之義與孝子愛親之忱二者相因所以陳情乞養者寬其歲時守制終喪者著爲令典自髮逆跳梁各官以

墨經從戎爲藉口夫古人墨經從戎出自君民之挽留
並非出自私意之苟苟營營也此等忝倫理薄天性妄
望其移孝作忠乎而督撫具疏代懇者直以令典而爲
情面耳故吏治日壞民志日漓令人撫膺痛心者矣
同治元年正月御史王道墉以慎用牧令具疏邇來時勢
艱難盜匪充斥固由督撫之措置乖方將弁之攻剿不
力而追溯釀亂激變之由未嘗不起於州縣令之州縣
流品混雜一曰捐班其中非無幹員也然多市井輩借
報効之美名售貪婪之巧計查州縣捐納僅一二千金

耳所出者少而所願者奢一旦握篆遂以爲商之法爲官侵牟漁奪有難盈其谿壑者也一曰軍功其中非無能吏也然多武健輩勇於戎行未必長於吏治一旦補缺遂以治盜之法治民束縛馳驟有妄行其嚴酷者也更有幕友輩揣摩最工窺捐輸之徑捷則附入捐輸伺保舉之途寬則鑽營保舉一旦得志遂乃串通各署把持多方大吏受其欺朦小民遭其淩虐較捐班軍功爲害滋甚者矣由是吏治愈壞民心愈憤抗官之案從賊之謀固有激之使然者而髮匪捻匪教匪回匪苗匪遂

致勾結蔓延而天下幾無完地臣愚以爲方今時務如久病然剿賊以治其標尤必安良以培其本安民之道非牧令之得人不可欲牧令之得人非澄清流品不可相應請

旨京外各捐輸非舉貢文生概不准以州縣請獎軍營勞績非舉貢文生亦不准以州縣保用如出力宜膺厚賞者可以同通候補不宜予以州縣以杜倖濫而重民社云云竊維治世莫要於安民安民必先以察吏察吏之方自州縣始州縣之賢否天下治亂之基也王侍御所奏州縣必用科甲人員原本卓見閎當

道諸公莫不挑剔之投科甲人員未必盡屬端愨而自命讀書考試歷數十年之辛苦始得銅章墨綬因貪罷斥則所得不若所失之大即有不肖者偶萌私念亦有所顧忌而不敢大妄爲若捐納州縣不過費一二千金軍功州縣不過費印結六七百兩所得更易早存不甚愛惜之心倘出膺民社肆其掊克之謀以圖饒裕之計迨宦囊既飽即以其餘捐納府道較之爲循吏而以卓異待升不更簡捷乎縱令發覺嚴參而彼已爲足穀翁疆畝如繡棟宇連雲反投其所好矣

咸豐元年十一月通政使羅惇衍奏請崇儉禁奢當飭禮部查明道光八年頒行規條通行內外各衙門出示遵照等因仰見　顯皇帝保泰持盈納民軌物至意查道光八年大學士富俊所擬規條五款咸豐二年禮部增至規條十五款法至備矣自兵燹後墨吏奸商凡輿馬衣冠違例僭分同治元年御史朱澄瀾具疏內開悍將驕兵罔知法度請　旨飭下禮部查照咸豐二年規條再加斟酌出示嚴禁以端風化而辨等威云云按國初輿馬衣冠房屋器具宴飲婚娶死喪祭葬各有

禮制各有禁約因日久視爲虛文其後言官題請亦屬空言予目見部臣行之督撫督撫行之司道司道行之府廳州縣秖有告示一張懸掛署門遵依一紙稟覆制軍奉行之事畢矣煌煌　聖訓並未家諭戶曉故鄉曲儇子莫不爭靡競麗況飾金珠者盛於娼優好紈綺者侈於市儈居處則雕牆畫棟乘騎則玉勒金鞍肆行無忌不知律令爲何物古人云　朝廷綸音雖行於天下而未嘗實行於天下者此之謂也

同治二年兵部奏請鑄礮較常例外加二三倍因歐洲徒

恃軍火中國不能不預備奉　旨允行派大臣司其
事按自元太祖以礮兼土拓疆歐洲法郎西有人在營
習其藝私盜回國愈造愈精愈變愈極從此孫吳無所
施其謀賁育無所逞其勇十萬橫磨劍三千背嵬軍無
所恃其衆也兩兵交轟萬馬騰蹴雷激電駭骨滅肉消
不難殺人盈城積尸塡海然上帝有好生之德如此慘
刻不久必有轉機蓋天地間未有物極而不反者嗚呼
歐洲君相若不內修政理下恤烝黎徒恃軍火逞厥凶
殘終必如拏破崙之國破身亡苻堅之鼎折車覆金亮

之瓦解冰銷而已矣
光緒丙申秋王大臣會奏於漢口剏修鐵路以達京師奉
旨允行初言官謂勞民傷財聚訟盈庭按當今各
國莫不爭造鐵路英由印度逾廓爾喀分支至藏之大
吉嶺其意欲抵魚通晃甯又由緬甸之仰江以達阿瓦
欲抵騰越普洱法由交趾之唐外造鐵路欲抵雲南之
開化粵西之太平俄由墨斯科城分支繞西伯里亞共
計一萬八千三百里循黑龍江吉林欲抵 盛京層層
窺伺節節包裹倘鐵路告竣其勢如星流電疾或藉端

起瑕生釁長驅齊入而我調兵徵餉曠日需時雖躋躟善步者十日之襲蹤不敵彼半日之轒轀來如疾風去似脫兔使中國進有腹背夾攻之患退有首尾難救之虞則咽喉梗而心膂分悔之晚矣在言官妄謂道德可以弭虐氛詩書可以銷兵氣此腐儒之淺見非達人之遠謀不知李允則治城壘無警且備也史憲忠增亭障見機且備也況處此時勢必先自立於不敗之地預操夫能勝之術而後彼乃不得以隙乘我矣若如言官所云毋勞民毋傷財悠悠忽忽是猶魚游於釜燕處於堂

恐明者不能料其終智者不能善其後耳
電報創於丹國其後意大利人嘎刺法尼及佛爾塔取其
氣而愈有力又法人阿拉格與安貝爾以鐵能生電而
磁能吸鐵又變爲磁鐵電學於是英人乃設電線局於
倫敦法美德墺因之而俄日亦效之凡四海五嶽頃刻
能達不惟文報迅速當師旅倥偬而調兵易於策應徵
餉易於接濟其所關興衰成敗者大也同治間疆臣具
奏請設電報而部院紛紛阻撓謂中國崇尚孔孟不宜
效外夷之奇技是以電報中止按中國衰弱緣此輩不

知時勢不審緩急往往以沮議爲出衆以自異爲不羣惜小利而闇大局務近效而昧遠圖假令此輩得志必如陸葉兩制軍出乖露醜也迨歐洲各國於通商各埠遍設電報而我之情形在彼如列炬彼之情形在我如濃霧於是王大臣再三奏准先設江皖浙閩次設楚粵留豫從此血脈相通呼吸相應然大費周章始克於羣言囂囂衆謗籍籍之中翕然定論矣中國造輪船洋礮鐵路亦被此輩阻撓其間所誤不小

光緒十二年川省設電報以達於京師按電報創自泰西

而泰西各國雖文字語言絕不相同而電報所用則皆係羅馬文字羅馬爲泰西各國文學之祖故各國皆宗羅馬又案羅馬字母僅二十六字而其拚法則千變萬化各國皆由此二十六字母變化成章即或拚法有異而其源則一故泰西電報傳遞各國無不通蓋電報中所用不過點畫即屬字母但通字母即無不可通之處又案中國亦有字母土子僅以此爲反切若神而明之可通電報何也有有音無字之處斷無有字無音之處此中國字母可通電報之明驗也

光緒二十年因日人淪陷蓋平旅順十二月二日　上
諭從征將士冒鏑衝鋒朕宵旰焦勞時深軫念所有本
月二十三日紫光閣筵宴除夕太和殿及元旦筵宴均
令停止二十一年正月二十二日　皇帝御文華殿
召見駐京使臣闓闓宏開衣冠肅列誠盛典也內計美
國田貝俄國喀希尼英國歐格納德國紳珂法國施阿
蘭義國巴爾廸比國陸彌業日斯巴尼亞國署使臣梁
威理禮畢李傅相覲見其時　皇太后亦在寶座
軍機王大臣等以次就列爲日本軍務均主和議所給

李傳相之文憑奉　皇帝親筆簽字并畀以全權矣
葢深憫兵連禍結不能不蓄力以待時從權以應變所
謂量敵而進知難而退者昔漢高祖不報平城之役唐
太宗不擊頡利之師宋眞爲蒼生而屈許增歲幣皆是
也雄主英君不惜忍一時之耻而成萬世之功誠以事
勢有出於不得不然者耳近多剛愎淺躁者以和議爲
受侮意欲大逞干戈殲茲醜類然中國非曩時熊羆翕
習之軍雷霆奮發之氣武庫劍戟之利帑藏財賦之殷
主戰者能保其勝乎縱然幸其一勝也而不能幸其再

勝也可以幸也而不可以恃也則戰之不可行也審矣究竟如何而後可曰一則勵精圖治以俟人事之振興一則觀釁審機以待天心之厭亂蓋王政隆而四夷賓大道昌而百邪息矣惟我所慮者屯守旋撤而文武恬嬉瘡痍甫平而內外弛懈無位小民私心竊憂者在此不在彼也

光緒二十一年二月二十五日　上諭以中日和戰使令直省三品以上官各抒所見由電奏候採旋有督撫十八藩臬九人具覆其中有三分之二意見僉同大略

謂如使倭奴僅索兵費似可議和如欲割踞土地即當
奮力決戰云云嗣因　盛京乃　烈祖發祥之地
淮軍楚勇屯聚八九萬望塵驚潰銳氣銷亡金復淪陷
甯廣吃緊則我咽喉梗而心膂分不能不暫屈議和也
可惜閭閻以膏血供此輩今見敵抱頭鼠竄棄甲狼奔
則兵非虛設乎餉非妄費乎夫養貓所以捕鼠畜犬所
以吠盜當此鼠盜縱横安用養此不捕之貓畜此不吠
之犬哉旋聞提督黄桂林趙懷業總兵衛汝貴籍沒正
法提督葉志超道員龔照璵等擬秋後處決叅
游都守分别斬絞降革共計九十二員於
是軍心震懾不復如前之泄泄沓沓也

定例辦賑州縣侵漁乾没者擬罪不得援減

定例大學士尚書內原品休致大臣給食全俸其遇京察自陳准令原品休致者給食半俸部議致仕人員不給俸

定例各部院引例不得删減亦不得例外兩請

定例應緝賊贓務令委員往查不得專任捕役以啟藉端抄掠之弊

定例永禁胥役更名復充

定例自副將以下至守備不准坐轎祇准乘馬違者議處

定例革員不得濫用章服

定例親老改近人員准入大計

定例州縣人員如果循良即令久任其他不必速升拔漢之二千石有賜級賜金而不屢遷者亦如是也

定例順天鄉試同考官南省人迴避南皿卷北省人迴避北皿卷邊省人迴避中皿卷旗人迴避滿字合字卷

定例吏部當月選引見人員先期考試將卷呈　御覽其文理荒謬者不准外用

定例大臣侍衛等凡行走齊集處俱著清語

定例督撫自行檢舉由大學士兩擬票籤進呈按兩擬者
於一票外又添從寬免擬一籤也
定例副將參將引見督撫覈實加考
定例各直省題奏本章按季咨內閣通政司查覈
定例補授道府等官以及外省送部引見之道府於起程
到任時皆詣宮門請訓以便諮訪地方利獘俾道府亦
得各抒所見而皇帝益得悉其人才矣
定例每科主考差往各省各督撫餽送旅費其數目多寡
無一定之規乾隆三年純皇帝酌量道途之遠近

分別旅費之多寡雲南八百兩貴州七百兩四川福建
廣東廣西湖南六百兩江南江西湖北陝西浙江五百
兩河南山東山西四百兩遵照此數督撫不得私意增
減主考亦不得於此數之外更有所受

定例主考自京起程日期雲南四川貴州廣東廣西福建
湖南七省以十日爲限江西湖北江南陝西浙江五省
以七日爲限河南山東山西三省以五日爲限逾限者
議處

定例滿洲蒙古舉人補內閣中書

定例會試士子入闈遇雨各賜銀三兩

定例中式武舉有能開出號弓者是以一甲進士即在此內挑取

定例武會試內場取中試卷先於雙好字號內選取如不足額再於單字號內選取

定例准武進士同營食糧

定例各省將軍副都統凡人命詞訟以及奏銷錢糧可用漢摺陳奏其滿營循例應辦事件用清摺陳奏

定例蒙古王等源流檔册家譜五年進呈一次

定例八旗包衣歸漢軍考試

定例直省官役俸銀工食遇緩徵年分准支司庫銀兩

定例恭遇　皇太后萬壽聖誕普天同慶凡大小臣工

穿蟒袍七日不理刑名

定例禁京官濫交富戶

定例每歲仲冬督撫將府州縣戶口增減倉穀存用一一

詳悉具奏此亦唐太宗定口分世業之法政治之施設

實本於此

定例元旦令節萬壽慶辰王大臣等呈遞如意藉伸頌祝

嘉慶二十五年正月　上諭近來呈遞如意者太多不可不示以限制自本年萬壽暨明歲元旦爲始親王郡王貝勒俱准呈遞貝子公惟內廷行走者准呈遞軍機大臣南書房翰林及內務府大臣無論品級准呈遞上書房行走各員俱不准呈遞大學士尚書領侍衛內大臣准呈遞都統在內廷行走者方准呈遞侍郎副都統不准呈遞御前侍衛一品者准呈遞乾清門侍衛概不准呈遞來京文武大員亦惟一品者方准呈遞其各恪遵毋違

道光二十八年二月宗人府奏承襲奉恩將軍次數未能
畫一奉　上諭除從前辦理兩歧之處毋庸查辦外
嗣後凡承襲奉恩將軍著查明原立官之人係軍功王
公餘子之嫡長子如無嫡出或庶長子之子孫其後嗣
降等襲封至奉恩將軍者照例襲至五次而止如原立
官之人係軍功王公餘子之餘子或庶子之餘子及有
緣事削爵其子孫內尚有已經考封並襲封者自與恩
封之人有間即不得均謂之軍功旁支子孫如降等襲
封至奉恩將軍或考封奉恩將軍者均照恩封之例襲

至三次而止

太祖庶子原稱阿格因哥格同音故稱阿哥

定例宗室如與民人相詬民人不得詈及祖父違者擬死

定例凡在游牧居住之格格等貝勒貝子之女稱格格遣嫁內外蒙古處滿十年後方准晉京　嘉慶二十三年　上諭嗣後格格等之父母如有年逾六旬者著五年進京省視

定例貝勒女封郡君祇准封嫡長一人其餘嫡出庶出之女俱不授封

定例內廷阿哥等戴緯帽時上安紅絨結頂戴雨纓帽時

上安紅寶石頂不然與平人無別

定例翰林撰擬王貝冊文凡遇　皇帝之叔或　皇帝之兄皆當稱叔稱兄自弟姪以下則用爾字

定例貝勒貝子中有伯叔之子孫年未及封者挑在侍衛章京上行走

定例宗室人員不簡放外任於參謁跪拜之禮用存體制又恐其自恃衍派　天潢蔑視上司設有不知檢束營私獲罪轉多窒礙辦理此　列聖篤愛宗支其廑慮最深遠也

定例宗人府等有京察者准用部署司員

定例宗室內有獲罪遣逃者派員至家詢問不得將妻孥

傳至宗人府

定例宗室犯事到案向不跪訊因有所恃而不恐嘉慶二十四年五月 上諭嗣後宗室犯事無論承審者何官俱先將該宗室摘去頂戴長跪聽審稍示裁抑俾其知儆戒也

定例宗室內有因獲罪發往盛京管束及圈禁者並著查明該犯案由及原定年限另繕清單具奏以備他日酌

予恩宥
定例匿名揭帖告人過者絞凡有拾獲即焚燬若將送入
官者杖八十官司受而爲理者杖一百被告者雖實不
坐立法森嚴以杜鬼蜮之技倆也惟關繫國家重大事
必密行奏聞候　旨密辦
定例都察院於巡視御史必遴選廉明公正若保昏謬者
降級保貪黷者嚴加議處
定例凡科道所上章奏其言是者採納施行其言不當
列聖曲示包容不特不肯誅戮言官即如前明之廷

杖亦從無其事惟嘉慶二十二年冬十月朝審將御史伊緜泰蕭鎮俱予勾決盖伊緜泰枉法婪贓律所難宥蕭鎮賄賣條陳以章奏為納賂之具似此欺君罔上非明正典刑不足以昭炯戒也

定例嚴禁各衙署內外容留族親並子孫隨任毋得干預

定例道府以下官員祖孫父子並外姻親族同省同府以及河督鹽政有關糾察者俱令回避

定例各省文員自知縣以上武員自守備以上有無故輕生者專摺奏聞

定例各省正雜錢糧除實在存留定數以備公用外其餘
悉於春秋兩季按數撥解以免虛收虛報之弊
嘉慶元年三月辛亥　上親耕耤田三推畢加一推自是
以爲常
定例告祭典禮重大倘贊引錯誤擬斬監候入於朝審情
實辦理
定例　天壇望鐙杆木雍正間原係九丈嗣於乾隆朝川
督阿爾泰辦到杆木高十丈四尺嘉慶二十三年冬
上諭杆木因年久間有蟲蛀若照增長丈尺恐辦理維

覲著蜀楚督撫委員採辦照雍正間長九丈大徑三尺七寸小徑一尺二寸杆木正副六根外餞木十八根即行運京以備更換

定例　祈穀乃新春典禮自應在立春以後得辛舉行案

純皇帝己酉年祈穀禮成述事詩內有今年九日立新春祈穀虔應值次辛之句蓋正月九日立春若用初四日上辛　祈穀則尚在臘月內是以用十四日次辛也

地壇於乾隆十七年始建齋宮　上曾宿之彼時樹木

尚未成陰隨從官員致有受暍者　上俯加體恤以
後夏至　地壇齋宿雍和宮內次早始詣　地壇
行禮
定例齋戒日期　圜丘　祈穀　常雩親宿齋宮
日不進本章以昭虔敬至　方澤　太廟　社
稷致齋三日內除刑部及外省有關涉刑名者本章俱
不進其餘尋常事件照常呈遞恐其愈積愈多也
定例　社稷壇春秋祭祀照舊定儀注舉行如遇祈禱
雨澤及親詣報祀各典禮均步行前往見大清會典

乾隆間　純皇帝詣　黑龍潭祈雨至山門降輿升階數十級俱係步行而上　睿皇帝節年遵從之

定例京外人民不得越境酬神

定例各部司員升至京堂不得兼部行走縱暫時奏留為熟手起見迨漸次升擢總須出部

定例部員升至少卿不兼軍機章京亦有暫留者乃特恩也

定例部臣請簡按其資格開列具題　上將資格在先者量加擢用以杜高下其手輕重其心之弊

定例國家政事毋許太監妄行傳說外言亦無得傳入內廷犯者斬

定例刊寫書籍凡遇胡虜夷狄等字改易形聲如以夷為彝以虜為鹵之類照大不敬律治罪蓋彼輩爲本朝忌諱迴避以明其恭愼不知此固背理犯義大不敬者也故　憲皇帝定例如此森嚴

定例殉夫盡節之烈婦不予旌表恐長閭閻憤激之風

定例文武生員不准入伍食糧

定例川省夔州稅務京師派員前往監督雍正十二年交

巡撫委官管理

定例學政受賄營私擬斬立決督撫亦按照溺職議處按雍正十二年河南學政俞鴻圖因貪正法其父俞兆晟官戶部侍郎亦革職

定例集場雜稅額設牙帖俱由藩司衙門頒發不許州縣濫給所以防增添之弊貽累商民也

定例直省生監年七十以上者優免一丁八十以上者給予八品頂帶

定例三品大員身罹罪譴雖革職拿問者刑部不得遽加三木有不得不夾訊者亦必請　旨

定例審案不許株連婦女

定例不准士民籲留離任知縣蓋官員賢否其去留權操自上非士民所當干與若循良之吏聽其籲留設有貪酷者將不待大憲參劾亦聽其驅之使去耶所以自古有臥轍攀轅亦不肯開其端

定例外任旗員丁憂回籍除正展限期外如起程遲延半年以上者降調一年以上者革職

定例步軍統領原係二品乾隆間因事權較重於一品大員中派令管理甚至親王亦兼攝此職者嘉慶四年六

月　上諭步軍統領有夜間巡查之責於定親王緜恩體統實非所宜嗣後毋庸親王兼攝若慮稽察難周設左右翼總兵二員與步軍統領同堂坐辦公務不惟杜專擅之漸而於稽察利弊亦周密也旋定步軍統領爲從一品左右翼總兵俱正二品

定例　皇帝出入禁城無論王貝充當前鋒統領應在門前帶刀侍立

定例凡廕生應得主事引見時如堪外用者及七品小京官歷俸已滿三年並文各通判改補中書科中書行人

司行人大理寺評事太常寺博士向止升用主事者准
以同知兼選此因主事銓補壅滯不能不酌量變通也
定例科道等官不兼部務
定例外任改補京官人員不得濫送倉差
定例各衙門役滿書吏勤限回籍
定例大考翰詹臨期告病即行開缺
定例科甲所認門生凡遇一切事件暗為關照及門生外
升道府州縣於老師留贈銀兩名曰別敬如其發覺嚴
懲不貸

定例奸商出放官債者將該員議處並將重利盤剝之人枷責仍追銀入官

定例簡放外任准在部借支養廉但軍興以來有養廉之名無養廉之實惟平日別無糜費則資斧亦易於措辦

定例近御當差之親軍未滿十年者准挑取前鋒其過十年者不准挑取

定例庶吉士向無廩餼雍正十一年每月各給銀四兩五錢並撥官房一所使其肄業

定例刑部各司案件繁多添設督催所派司官二筆帖式

二綜理

定例因一二家失火而延燒多戶者地方官從重議處以其平日不豫備救火之具也

定例步軍統領衙門收審案件其罪應流徙以上及事涉宗室覺羅者方准咨送刑部若罪祇枷杖笞責者不准濫行咨送

定例 皇太后居暢春園凡慶節恭迎御長春仙館

定例州縣以下官養廉就近坐支

定例給遞解人犯口糧

定例虧空案件必須稽查辦理如果真窮督撫題奏時但云無力完納出具保結不得用家產盡絕字樣蓋國朝享億萬年無疆之休惟冀大小臣工永沐恩膏若至於家產盡絕豈厚待臣工之意況本非真窮反過甚其辭以邀豁免此定例之所以駁斥也

定例荒歉時借領倉糧非平日貸穀者可比至秋後償還不准加息

定例文員除河工効力武員除軍前効力外概不准隨帶人員借故委用否則補缺不循資格與論稱爲私交更

相倣效滋弊多端
定例公產旗地准民人置買
定例聚衆毆官首從皆斬
定例公事則用題本已事則用奏本題本用印奏本不用
印乾隆十三年改爲概用題本不必用奏本以示行簡
之意
定例大學士如其宣力有年凡告休病故應俟滿月後請
旨開列補缺

朝瑣屑錄卷十終

皇朝瑣屑錄卷十一

嘉州　鍾　琦　泊農

軼事三十三則

李文貞公光地以直撫入相桐城方侍郎苞叩之曰自入國朝以科目躋茲位者凡幾公曰屈指得五十餘人侍郎曰甫六十年而已得五十餘人則其不足重也明矣望公更求其可重者見望谿集以文貞名儒名相婉迹皋夔侍郎猶勉之如此後之人儻經綸理學不逮文貞萬萬者復以諛言日至讜論無聞或純任權術或曲

謹小廉依恃寬大自命賢相恐鼎折覆餗之譏不待終
日矣可不危與
王文簡公士禎才地淵雅其詩學爲　本朝開山梅村芝麓究是
明臣虞山更不足論矣世幾以文人目之案公爲祭酒時請復
文廟爲大祀定籩豆樂舞之制又請釐正從祀諸賢
諸儒名號位次著之　大淸會典以垂永久又請補祀
漢儒田何復祀鄭康成並以宋儒尹焞何基明儒曹端
章懋蔡淸呂柟羅洪先呂坤從祀又以太學所藏十三
經注疏二十一史版漫漶殘缺請鳩工修補並請將前

明南監經史版令江南學臣收藏儒學尊經閣中以嘉惠後學公生平梯接儒流振興文學以名教爲己任培元氣於無形不特雕章琢句與騷人墨客爭長也乾嘉而還儀徵太傅弇山制軍差足繼公餘韻今則風流閴寂六十年矣

近世士大夫多稱曾文正公能知人非妄語也江忠烈公忠源初謁公於京邸既别去公目送之曰此人必名天下然當以節烈死時天下方無事眾訝焉啓之不倫後十餘年忠烈果領師戰功甚偉嗣殉難廬州公東征時

滬上乞師公奏請以今相國合肥李公赴滬而以參將程忠烈公學啟從臨發公送之登舟拊忠烈背曰江南人譽張國樑不去口君去亦一國樑也行聞君克蘇州矣勉之李公至滬由下游進兵自青浦崑山轉戰至江蘇行省拔名城殪大憝雖嘗借助英法兵而西人獨推忠烈功為淮軍諸將最其聲威殊不出張忠武下嗣克嘉興先登中鎗仆地卒不救其以死勤事亦與忠武同蓋昇平之際物色人才危急之秋激昂忠義精神所感誠至明生文正儒臣豈有相人術哉嗚呼洵天人矣

寶應朱文定公士彥爲冢宰日嘗語家人曰余生平行事過人者惟見得定守得定此六字不敢不勉異日益棺得諡爲定足矣比公薨禮臣擬諡進呈　上俱未圈出　特旨予諡文定一時朝士咸服　聖主之知人亦以見公之自信有素云

故城賈參政樸以歲貢生康熙中官廣西同知攝思恩平越知府多惠政幾有賈父重生之目坐吏議去職兩郡士民涕泣徬徨詣大府乞留者萬輩丙戌五月　上以廣西巡撫彭鵬保舉得　旨召問　濬甯居擢知

蘇州府閱數月遷江常分巡道蘇州民漸被循良惜其
去任值　上南巡相約具民本保留　聖祖俯察
民隱遂調蘇松常鎮糧儲道布政使司參政並　特
諭帶管蘇州府事　賜御書宜民二字匾額按部民
保留地方官例所不許而賢有司善政所逮黃童白叟
臥轍攀轅亦實有出於至誠者　本朝如陳清端張清
恪諸公皆以廉惠得民蹟而後起卒立功名詎非遭際
聖明之幸與
陸清獻宰嘉定時魏敏果公方長御史臺與清獻素不相

識聞其政聲以詩遙寄有吏道雖云雜天下豈無人及盥手贈荒言始終願自珍之語值會推福建按察使上命選天下賢能愛民之官不拘資格擢用魏公遂以清獻薦後雖爲巡撫慕天顏中沮而魏公之求賢若渴以人事君洵不愧古大臣矣

康熙二十三年江南總督于清端公成龍卒　上諭諸臣有清操如于成龍者公議奏聞時九卿公舉直撫格爾古德郎中蘇赫范承勛學道趙崙知府崔華張鵬翮靈壽縣知縣陸隴其凡七人

國初諸儒稱梅文鼎歷算全書顧祖禹讀史方輿紀要李清南北史合鈔為三大奇書按李氏之南北史鈔與後之沈炳震新舊唐書合鈔皆博贍過人而疏略不免尚不及彭元瑞劉鳳誥合注新五代史體例美善以擬梅顧二書經天緯地專門名家更瞠乎後已

崑山徐尚書養痾洞庭書局自隨其聘修一統志者無錫顧祖禹常熟黃儀山陽閻若璩德清胡渭也一堂賓從之賢皆九等人表之最官書如此慎重豈復私家著述所能比肩

湘陰左舍人忠植今大學士恪靖伯兄也少豁達好談時
務歷贊大府帥戎幕與伯相齊名咸豐初年洪逆起事
上命故相賽尚阿經略粵西軍務時舍人方官京
師以賽相參佐非人亟草牘力薦江忠烈公於壽陽相
國壽陽遂上達　天聽忠烈之轉戰數省豐功勁節
爲　中興諸將眉目實自舍人識拔始
康熙六十年辛丑山右大饑平陽汾州尤甚高安朱文端
公銜　命往賑全活無算公還朝亟稱陽曲令沈某
治行爲山西第一沈閩人初令陽曲爲省會首邑自庚

子秋至辛丑夏歷三時不雨求輒不應沈率紳士步行百二十里至五臺山神祠禱焉是夜大雨陽曲之四隅莫不沾足而鄰境旱如故沈歸中丞率大小屬吏郊迎萬民擁道歡呼忭慶為民請命至誠感神雖古循吏莫是過已詳見蔡文勤公世遠二希堂集

雷翠庭副憲鋐立朝謇諤貞介絕塵其雅量亦不可及家居時客至三呼從人捧茶來未應公亦怡然或問之曰在家廩給薄此輩自懶於趨承耳

咸豐八年十一月廿八日軍機大臣奉　硃筆召見兵

部尚書陳孚恩保奏刑部主事何秋濤翰林院編修郭
嵩燾通達時務曉暢戎機足備謀士之選郭嵩燾著於
十二月初二日豫備召見何秋濤現在丁憂著將所纂
書籍繕寫清本再行進呈欽此咸豐十年正月廿四日
上諭刑部主事何秋濤進呈書籍於制度沿革山
川形勢考據詳明著賜名朔方備乘具見何秋濤學有
根柢加恩俟補缺後以員外郎即行升用並著在懋勤
殿行走毋庸當川入直欽此按何秋濤字願船彙編
皇朝通典通考一統志並　列聖實錄方略會典

及正史爲據旁采圖理琛陳倫烱方式濟張鵬翮楊賓趙翼松筠之簡册又廣蒐近人俞正燮王壽同周成張穆魏源姚瑩之徒與歐洲艾儒略南懷仁雅裨理之所論述加以廣州上海洋人所刊諸集去其舛訛正其荒繆上溯　聖武之昭垂下及窩集之要害爲考爲傳爲紀爲表自漢晉隋唐遼金元明迄於　國朝又康熙迄於道光凡北徼西土雁海龍沙各爲之圖各爲之說共八十卷　有關體要掌故籌邊防者安知不收一壺千金之用也又按　懋勤殿行走部曹直懋勤者

老輩中惟黄左田尚書鉞蒙 此異典事在嘉慶五年庚申蓋甲子一周矣邵亭遺詩有云曹司 秘殿當塗後六十年來故事虛異數仍開 懋勤直 天題新煥朔方書即賦此事

舒文襄在新疆獲譴有 旨即行正法來文端公保以人才難得伏闕泣求 高宗亦心動諭云旨已郵發三日矣奈何公曰 上果恩宥當令臣子飛騎往追始蒙 俞允公子能日行八百里馳抵新疆 前旨猶未到也文襄遂得寬釋

方恪敏公觀承子襄勤公維甸兩世爲尚書直隸總督皆有名績恪敏五十未有子撫浙時使人於江甯買一女子公女兄弟送至杭州將筮日納室中矣公至女兄弟所見詩册有故友名詢之知此女攜其祖父作也公曰吾少時與此君聯詩社安得納其孫女乎還其家助貲嫁之公年六十一矣吳太夫人旋生子即襄勤也

湘潭劉侍御元燮在詞館有雋望在諫院有直聲授蒼梧道辭不赴謫廣西佐貳泊然束裝振奇人也

康熙二十二年　西巡五臺臺麓寺行宮之北突出一

虎　聖祖親挽弧矢一發殪之土人名其地曰射虎川

嵇封翁永仁文敏相國父文恭相國祖父故福建巡撫范忠貞幕客也耿逆反叛與忠貞同繫幽室者三年卒遇害時文敏方七歲母太夫人苦志撫教以有成立比文敏貴封翁之忠義太夫人之節孝並奉　特旨旌門而封翁獄中所作百苦吟和淚譜續離騷等種公亦彙刊傳世孤忠苦節二曜同光復得兩世賢宰相以收荼蘗冰霜之報蒼蒼者果無知也耶

六朝金粉之遺秖賸秦淮一灣水逮明季馬湘蘭李香君輩出風情色藝傾動才流迄今讀板橋之記畫舫之錄紙墨間猶留馨逸自兵燹十年而一片歡場又復鞠爲茂草矣金陵克復後數月畫船簫鼓漸次萌芽時六安涂廉訪守郡亟飛牒縣厲禁次日謁曾文正公公笑謂曰聞淮河燈船尚落落如曙星吾昔計偕過此畫船梭織笙歌徹宵洵承平樂事也又次日公先約幕府諸君買棹游覽並命江甯上元二邑令設席款太守一時士女歡聲商賈麕集河房榛莽之區自舫紅簾日益繁盛

寓公士著聞信來歸遂大有丰昌氣象公眞知政體哉

錢唐王文莊公　賜第在護國寺西（藤陰雜記云張文和史文靖先後居此文靖公殁始賜文莊）公內直二十四年以除夕蒙　賜福字二十四懸掛其間曰二十四福堂外無餘地公子請曰此後拜　賜何以置之公曰別置一軒名曰餘福而公不久捐館語竟不遂見公族子曇煙霞萬古樓集詩注

相傳王漁洋戲贈南海程駕部可則詩有行到前門門未啟轎中安坐喫檳榔之句時正陽門五更啟鑰專許轎

入京官無坐車者也藤陰雜記稱京官向乘肩輿杜紫綸始乘驢車嗣後漸有騾車然幃幔樸素且少開旁門者今則無不旁門云云按戴菔塘官京時在乾隆嘉慶間是易轎爲車之會也余昔聞之老輩云道光初年京官又復坐轎即坐車無不後檔凡輪在車後者曰後檔取其顯敞稍輕乘坐安適自同治甲子後凡京堂三品以下無乘轎者王公勛戚以外無乘後檔旁門車者

錢唐沈端恪公近思性恪謹每上封事先期整肅衣冠鍵戶密書書畢俯伏再拜而起家人問何事輒答以他語

敬慎不泄如此雍正朝耗羡歸公之議自山西大吏發之　諭旨令九卿會議公廷諍諤諤同列震悚世宗嘉其誠劇不以爲非遇事敢言又如此公剏論陸清獻當從祀孔廟所學之正立朝之忠雖配享兩廡亦無愧云

崑山三徐之太夫人亭林先生文弟也世稱其教子極嚴課誦恆至夜午不輟三徐既貴每奉　命握文柄太夫人必以矢慎矢公甄擢寒畯爲最太夫人未六十立齋已登九列持節秦中所識拔多知名士健菴以編修

總裁北闈果亭以編修典試浙江亦無愧金篦玉尺皆母教也太夫人三子皆登鼎甲一女歸長州申萩旆中江南省元錦韶象服牙笏盈牀　國初至今將三百年閨閫中尚無與比肩者

李文貞公光地典試順天時聞母喪　諭令在任守制經御史沈愷曾楊敬儒交章論劾給事中彭鵬以十不可留爭之世以文貞理學名儒宜痛哭力辭不應僅請給假九月並有訛傳文貞自請奪情者案奪情實出

上意惟考文貞丁父憂時以與平閩亂功　詔授

學士令其服滿赴京公疏言在制未終身猶凶人不敢服命服以拜　朝命夫在籍超遷並未强之視事所謂服命服者不過謝恩之一時公猶以爲不可豈現任學政可衰麻臨事耶感激　殊恩亟於報效功名之際如公猶不克自持危矣哉

仁和趙大司空殿最乾隆四年以祀　太廟慶成燈不當　上意左遷故事內務府有營造索費經費於工部而府員冒濫支銷以爲習慣工部莫敢誰何也會重築郊壇馳道公庀材數工核減府員所估之什九而事

集內務府諸郎羣聚而謀所以去之故有是譴見鮚埼
亭集仁和趙公神道碑敬案 本朝 列聖躬
行節儉 宮闈日用之數視前代不過什二三而內
務府諸郎皆視爲脂膏窟澤相沿積習幾無一洗手奉
公之人有心國計者儻能奏請裁汰內府冗員凡
宮中歲費定爲常經按季由戶部承應則亦慎重度支
之一端也又趙公樸誠厚重謝山偶語李臨川比之漢
丙吉唐婁師德宋杜衍臨川亦以爲然一日公偕九卿
燕見侍坐競談禪 世宗顧問公汝亦能之否對曰

臣未之學也　世宗笑曰曷試之卽拈一語公以儒
言對　世宗顧謂諸臣曰眞鈍根也
雍正某年元日王殿撰雲錦早朝後歸邸舍約友人作葉
子戲已數局矣忽失一葉徧覓不獲遂罷而飲一日蒙
召對　上問以元日何事具以實告　上嘉
其不欺出袖中一葉還之當時邏察之嚴如此予少時
所聞以誕妄未敢登載後閱趙雲崧簷曝雜記中有是
條謂聞之殿撰孫曰杏者當可取信且亦可見　憲
皇帝之整飭紀綱陶育臣庶固自寬嚴相濟不徒恃

聖明綜核之長也

光緒二十一年正月十八日倭人攻威海提督尚書銜丁汝昌最驍勇倭人頗憚之惜陸路各軍鳥驚獸駭星飛雲散丁提督困守劉公島具稟某大帥出威海縱擊以過後路旋奉電覆不准跬步離威海倘不遵調度縱有功亦干參處於是前有勝負未必之虞後有餽運不繼之患而大帥又不發援師以致軍心憤懣割斷水雷暗放敵船進口丁提督竟成羝羊觸藩之勢也某弁勸其降以免同歸於盡（策誠下下　想入非非）丁遂簽字繕函投日酋請

其勿傷中西文武及兵卒願將劉公島交出嗣接日酋覆音種種惟命是聽且以顯秩誘丁服官該國而丁不答之遂約張楊兩統領營官四員同時服毒臨歿尚詈某大帥日酋至劉公島將輪船軍器收去購棺殮丁等率其眾脫帽露頂於靈前致唁詞噫人特患其惜死耳若軍門事君能致其身何不激勵將士陷堅以殪敵縱使海軍全燬而倭人亦必損傷二三不愈於齎盜糧而張敵焰乎卽不然船存與存船亡與亡同將士荷戈擐甲死守威海如有敢言降賊者以軍法論迨山窮水盡

時將輪船軍器同身沉水中如是而死直與張忠武公國樑陳忠愍公化成凜然大節比烈矣計不及此而一朝失足千古蒙羞似此致命捐軀誠哉輕於鴻毛也

茶餘客話稱田山薑讀書擬拾字句有餖飣之目常云奇字古人所常用於古詩尤宜班馬等賦所以令人嵬眼湏耳正由時出奇字襯貼之也阮氏記此蓋譏山薑之癖好新奇案文人握管誠不宜專恃稗販致蹈獺祭雉竄之譏然詞句斑璘氣息典雅究愈於空疏不學冒襲八家者之所爲梅村漁洋之詩竹垞迦陵之詞未必不

以掇拾爲始境若石笥駢文道古散體更可決其從餖
飣得來特習貫運用便同腹笥自高聲價者類不肯如
山薑直言耳
常熟郭孝廉大臨任俠尚氣桑海之交寠身黃冠徧走江
湖欲得奇才劍客而友之卒無所遇歲辛丑太冲先生
讀書雙瀑在萬山中人跡殆絕大臨忽走訪太冲問何
以知之笑不答問奚自曰甬上見崑山顧景范所作傳
及太冲所作墓誌是亦　國初一高士燕州一逸民也
陳文簡公娶長洲宋文恪公女康熙間文簡由吏部侍郎

巡撫廣西賓客入賀宋夫人獨愀然不悅者累日曰一門羣從咸列清華我夫子乃出爲粗官令我慙顔於娣姒矣見鮚埼亭集廣陵相國傷逝記蓋其時陳氏一門宗伯清恪公司空文和公丙齋司寇匏廬少宗伯皆官九列而夫人之姊妹夫太倉王相國海甯顧侍郎合肥李宮詹長洲繆宮贊亦同時以巍科清秩比踵朝端故夫人云然㠯門閥姻婭之盛簪組翩連史書罕見粗官數語較謝道韞天壤王郎一段議論尤矜貴已

酉陽田玉梅貌文弱而多力屈其臂數人不能伸賊陷金

陵向大臣營城下不能拔玉梅欲投効而無引進者遇趙太守出其所上策切中時弊奇之乃薦諸當道適聞有內應者飭其入城覘虛實乃易賊衣佩利刃散其髮蓬蓬然下垂覆以黃巾至水西門朗賊出入之買賣街也玉梅手持筐實以餅餌魚肉若買而歸者入訪內應者之居處詳問情形復出城有守者眈眈視玉梅故從容坐石地若有所待遙見騎馬賊來前後導從數十輩遽拂衣起且自言曰至矣昂然而走守者以爲同營也竟不之詰玉梅見向大臣備述所經且言內應不可恃

狀既而內應又來約有胡貳尹願與偕懼賊覺玉梅乃僞爲囚渠以大索繫貳尹頸牽其入木西門若鄉民之得罪者至夜內應者縱火欲斬關以迎兵則阻於木柵大呼混殺斃賊五十人旋聞嗚嗚吹角聲天將明皆退而匿次日賊收附近百四十人殺之城啟又覺趨而偕歸衆益奇之將賞以官玉梅上書大概謂內應既無功則惟鼓我士氣暗用地雷以轟擊將不可使怯兵不可使驕語太激拂當道意乃寢其賞玉梅遂往投胡林翼中丞歷保知縣見甕牖餘談噫田君非常人也使其討

得行克復金陵廓清氛沴則所以稱田君者其功名豈出古名將下哉不幸而無成衆皆惜之然其膽略才智倜乎遠矣

婦人僞爲男子人知有木蘭與黃崇嘏耳五茸志逸所載上海浦東有呂某者自崇禎國變時其妻被擄呂鰥居後十五年忽一雄健丈夫腰弓跨馬至其家索酒食問呂何姓室何氏父何名一一告之其人隨抱頸而哭曰我卽爾妻也關山遼隔靡日不思近已從軍授職陳明後奉
旨尋夫乃得歸隨解腰頭五百金付呂作生

計此順治已亥年事

官秀峯爵相起家步校勳業品望海內寡儔胡文忠嘗云

秀峯宮保寬仁博大推誠待人實能主持東南全局其

器宇度量有含己從人之概又云揆帥遙總兵事不致

我輩掣肘若易以他人則不能如此之脗合無間矣蓋

成文忠者爵相而知爵相者文忠也

皇朝瑣屑錄卷十一終

皇朝瑣屑錄卷十二

嘉州　鍾　琦　泊農

軼事三十六則

吳縣潘文恭公以大學士領政府相　宣宗垂二十年中外不甚稱其相業近人李元度撰　國朝先正事略至於敘仕宦述恩榮詳列世系子女生卒而無一言及其居官余近觀公同鄉馮桂芬所爲公墓志銘稱公視學雲南革新生紅案銀在江西絶替考之弊時擔匪會匪蹤跡出沒無已公密疏以聞在浙江値海寇蔡

牽黃葵之亂亦如之總戸部最久黑龍江將軍請增都爾博特六屯公議地當游牧開墾非利也不可許言官奏山東場竈請歸地丁公議山東場竈半毘連淮境一歸地丁聽民自運自銷官私漫無稽覈必爲兩淮引課之累寢其奏又聞公大考升官時和珅方執政屢招公公不往 文宗登極詔舉人才公疏薦林文忠公姚廉訪瑩邵員外懿辰馮中允桂芬皆表表人望也公之事業雖不知視古名相何如亦足愧後之摸稜伴食誤國是於無形者見郎潛紀聞

陳清端公瓊釋褐歸里講學五年足跡未嘗入公門每謂貪不在多一二非分錢便如千百萬後嘗舉此入對

聖祖嘉之士未有未仕時律身不嚴而居官能以清廉著聞者觀於公益信後公令古田調臺灣督川學巡臺廈開府湖南福建孑身在外幾二十年未嘗挈眷屬延幕賓公子曠隔數千里力不能具舟車一往省覲傔從一二人官廚以瓜蔬爲恆膳其淸苦有爲人情所萬不能堪者公晏然安之終其身不少更變

聖祖目爲苦行老僧又曰從古淸官詎無逾瓊者蓋公之壁立

千仭與張清恪之天下清官第一均邀　聖許斯眞
秦華兩峯同標峻絕矣
海鹽之陳本出渤海高氏相國文簡公官京朝時遂與平
湖高文恪公聯譜會都御史華野郭公劾文恪怙寵納
賄並指目文簡交結狀得　旨一并休致公奏辯謂
臣宗本出自高譜牒炳然若果臣交結士奇何以士奇
反稱臣爲叔事乃得白見文簡公傳
四鎭守舟山時兵民輯睦忠義響應西人已喪膽思遁其
時若非大帥遙制可使弭首受約束而中國威棱更一

二百年猶赫赫也不幸穆相當國壹意主和耆英伊里布諸人懦弱而無遠略自和議成敵益狂狡遂有四患併命之禍有士人賦詩紀事云海外方求戰朝端竟議和將軍伊里布宰相穆彰阿直筆敘述不惡而嚴矣見郎潛紀聞

明季士大夫投刺率稱某某拜　開國猶然近人多易以頓首二字或曰康熙初鼇拜專權朝臣獻媚避其名也或曰鄂文端公當國時以其父名拜按公爲祭酒鄂拜子故題刺不用拜字中外靡然從之又屬吏上大憲書向用恭惟

大人四字自莊滋圃相國有恭總督兩江僚屬具禀改
爲仰惟或作辰維又定例稱大學士曰中堂今陝甘總
督湘陰左公入相後兩省官吏避宗棠二字之嫌名皆
稱伯相比公晉封二等侯又稱爲侯相

乾隆十五年吳縣候選員外郎陶篠置常稔田千畝營守
舍三十餘楹爲義莊是冬十二月蘇撫雅爾哈善疏聞
明年四月奉 旨依部議照原銜郎用以示奬勸
本朝崇尚敦睦海内好義之家以義田義莊上
聞者近歲多有顧皆寵以虛銜或 詔部臣存檔册

若陶氏之原官即用眞曠典也

長洲陸明府在新爲諸生時敦尚氣節刻苦自勵彭山築屋躬耕讀書以孝廉爲松江教授齋規方雅屏絕贄幣湯文正公撫吳察其廉勤以卓異薦是歲江南七府一州衆吏登啟事者僅君一人故事未有也旣入都

聖祖召見賜蟒服遷廬陵知縣大著聲績世稱文正之知人

蘇州治平寺有二十二房囊橐饒裕造密室藏婦女恣意淫縱乾隆二十四年巡撫陳文恭公宏謀廉得其實密

掩捕之搜獲婦女四人並衣飾奩具無算公派員讞鞫二十二房內犯姦者一十四房淫僧一十六名並供出被姦婦女二十五人奏 聞械淫僧解京治罪刑部請枷斃奉 旨發黑龍江給披甲人為奴今蘇州道觀僧寮檀施極盛化日之下難保其幽房曲室不漁色藏奸有風化之責者仍不可不以文恭之心為心隱微必察懲創必嚴也

謝山先生以翰林改外官情頓淡李穆堂侍郎勸其就銓先生呈以詩曰生平坐笑陶彭澤豈有牽絲百里才梳

未成醪身已去先幾何待督郵來後　高宗南巡梁文莊公將薦之亦以詩代柬辭謝有故人代我闗情處莫學瓊山強定山之句名山著書自有千古其他鞾塵手版孟浪出山洵有愧鄉邦先正多多矣

戴文節公熙以書畫供奉　南齋道光戊戌被　命視廣東學陛辭日　宣宗諭之曰汝畫筆清絕然胸中目中祇是吳越間山水此行獲覩匡廬羅浮之勝巉巖演迤雄麗奧曲別有一種奇致於畫理當益進汝品學朕素知公餘游藝兼可成全老畫師也公謝而出遂次

遇名勝輒研弄丹墨自江右自嶺南一壑一邱咸爲寫
照抵粵一載裝巨帙進呈　御覽　上奇賞之今
畫家評公作謂粵游後筆墨超特若有神助云頃讀公
集雨中過廬山云小臣殿陛司珥彤瀕行天語出九重
謂爾畫躡吳生蹤朕以萬里山水供歸來當手金芙蓉
知斯言不誣矣公畫名與元趙學士明董尚書埒而淸
操勁節非湖州華亭所能肩隨　聖明之獎勵臣工
原不獨爲荆關小技也
仁和關侍郎槐官中書時先以善畫供奉　內廷入翰

林後始直　尚書房　高宗賜詩有松下　做書寮之
句因自篆松下書寮四字爲齋額
乾嘉承平之際風雅鼎盛士大夫文酒之暇多嫺習畫理
法時帆祭酒嘗作十六畫人歌曰朱鶴年野雲曰湯貽
汾雨生曰朱文新滌齋曰楊湛思琴山曰吳大冀雲海
曰屠倬琴塢曰馬履泰秋藥曰顧蒓南雅曰盛惇大甫
山曰孟覲乙麗堂曰姚元之伯昂曰李秉銓藥甫其弟
秉綬芸甫曰陳鏞緣瞄曰張問陶船山曰陳均受笙其
爵里則近人文詩集中咸有稱引無俟贅述云

國朝畫家著姓載於畫徵錄者王氏凡二十五人時敏煙客
太倉人官奉常撰煙客子諤山陰人士一子毛柘城人鑑元照煙客之叔廉州太守時呼王廉
州鐸覺斯孟津人官尚書謚文安崇簡敬齋宛平人官大宗伯含光鶴仙晉人官參政
有年硯山金谿人武勤中吳人諸生文恪公鏊六世孫翬石谷常熟人徵士犖稼亭吳人
概安節秀水人汝秦州人禧丹徒人式無倪太倉人樸王樵保定人鐏魯公太康
人巘補雲吳江人原祁煙客之孫官少司農敬銘丹思嘉定人官修撰昱日初麓臺族弟
德普長民秀水人諸生釋宏瑜月章姓王名化霖會稽人前明中書舍人閨秀端淑
王映山陰人適錢唐丁肇塵亥張氏凡十四人宏君度吳人穆鐵橋東莞人琦
王可嘉興人遠子游海鹽人風大風上元人前明諸生篤行內侍恂人秦中畫研山

長洲人漣南垣華亭人子畏武進人惲南田甥欽石樓秦州人官部郎未任鵬翀南華
嘉定人官學士寶華以字行華亭人舉孝廉他如周氏吳氏亦各十餘人
登翰墨因緣獨在此數姓歟
國初常熟多畫師有黃鼎者足跡半天下尤在秦蜀間久
故所作多離奇俶詭爲古人屐齒所不到然亦坐是多
病敗同里王石谷翬稍後起陶鑄董巨含跨闗李名遂
出鼎右識者謂譬諸詩家鼎其青蓮而翬則少陵翬常
繪南巡圖進呈　天子嘉賞議官之翬不樂仕進遽
歸一時名公巨卿投詩攀援卒不可得立品如此此其筆

墨始可寶貴也

自古善繪者多屬蒼顏白髮就　國朝名人而論王煙客以康熙十九年庚申亡年八十九王圓照以康熙十六年丁巳亡年八十王麓臺以康熙五十四年乙未亡年七十四王石谷以康熙五十六年丁酉亡年八十六惲南田以康熙二十九年庚午亡年五十八朱竹垞以康熙四十八年己丑亡年八十一吳漁山名歷以康熙五十四年乙未亡年八十四笪在辛以康熙壬申亡年七十黃尊古以雍正八年亡年七十一徐俟齋名枋以康

熙三十三年甲戌亡年七十三王虛舟以乾隆癸亥亡
年七十六項孔彰以順治十六年亡年六十二至於黃
愼奚岡髠殘鄭燮李鱓華嵒傅山黃鼎金農惲向戴熙
王鐸馬元馭程正揆等莫不亡年在花甲內外而無三
四十歲棄世者蓋諸君襟懷沖淡性情蕭疏所以腕下
發活潑之奇氣由胸中有浩蕩之氣故與前明董香光
黃大癡倪雲林沈石田徐文長善繪者並列於耆耄耋
耇間也
張大司空祥河少時夢至一所紫盧金柱巍若仙居仙居

列瑪瑙大瓮數枚一僧自言三百歲矣指瓮中漿並一荷葉授公曰食之當貴且壽公於咸同間仕至太子太保工部尚書壽七十有八公善畫不輕作遇所得意則以燈光石印鈐之其文曰夢三百歲僧授天漿碧玉葉按韓元吉桐陰舊話王夫人初未有子夢一僧手持蓮花摘五葉飼之後生五子皆貴顯其事與張太司空相類也

國初崑山歸處士莊與亭林齊名時有歸奇顧怪之目後華亭陸鳴字曰爲工畫與同里嚴載齊名亦稱陸癡嚴怪蓋士大夫浮沈里閈其制行稍岸異者未有不使流

俗人魚瞵鷄睍者也

錢唐戴文節公熙夙工書畫道光辛卯爲鄉人沈文忠公兆霖畫雙桂題南宋詞曰占斷花中聲譽香和韻兩奇絶蓋文忠方應舉寫此作利市也是歲榜發文忠名在第二同人以爲畫讖文節賀詩遂有桂林聲譽原無比悔寫蟾宮第二枝之句後十年文忠已疊秉使節文節爲人畫月桂圖述及前事自謂畫不足藉人以傳此同治初元文忠奉　命勦撫叛回値秦中山水暴漲沒於王事而前三年庚申文節早殉難杭州藎臣碩輔先

後騎箕翼望馨香兩相輝映則眞所謂畫讖矣

紀文達會試時出孫端人官允門下孫豪於酒嘗憾文達不能飲戲之曰東坡長處學之可也何併其短處亦刻畫求似及公典試得葛臨谿太史正華酒量冠一世公亟以書報孫孫覆札云吾再傳而得此君聞之起舞但終憾君是蜂腰耳承平士大夫詩場酒社諧謔風流令人慨慕

國初瀋陽范氏勳業鼎盛文肅公文程翼贊　龍飛爲我　朝阿衡伺父康熙初三孽不靖忠貞[illegible]承謨方

撫閩三年土室卒殉封疆又爲我 朝睢陽常山偉略蓋忠祖孫踵起洵海内第一世家按范氏自有明中葉由吳徙戍蓋文正公裔孫也名相雲礽閥五百餘年又歲閥閱世皆謂天平冢地使然天平山屬蘇州文正祖墓在焉不知文正父子世德鬱積實足致公侯復始之祥而 天祚 聖清早於前朝全盛之年預置高平一脉於大東爲異日 眞人之佐命事關興廢豈區區疑龍撼龍之説所能爲功哉

粤賊初起首陷平樂府城時林文忠公已由西域 賜

環
文宗特詔起用公方臥疾聞　命束裝星夜
兼程宿疴益劇遂卒於廣甯行館初賊震公威名咸思
解散猝聞溘逝毒燄益張公臨歿大呼星斗南莫解所
謂噫武鄉侯出師未捷宗忠簡三呼渡河千古貞臣同
此遺憾耳時又有張武壯公必祿者本蜀名將三省教
匪之亂公方在巴州營中手舞大刀單騎入陣所向如
撥豒埽攆昭勇楊侯深賞之由偏裨擢至專閫戰功最
多是年亦奉　旨馳廣西軍營甫至潯州亦以積勞
病歿名臣宿將先後騎箕而醉夢之徒相繼任封疆而

持節鉞殆刧運將臨非人力所能挽救與

蘇州府志雜記引顧丹五筆記云乾隆辛未　南巡有湖南老人湯雲程來接　駕年一百四十歲　皇上先賜匾額云花甲重周又賜云古稀再慶其孫曾隨者皆白髮飄蕭之翁也

康熙十八年戊午解州士人于昌者讀書墖廟墖廟關聖故居也昌晝夢聖授以易碑二大字驚而寤見濬井者得巨甎碑之甎上有字昌急合讀乃紀聖之祖考兩世諱字生卒甲子大略循山而求得墓道焉遂奔告解州

守王朱旦朱旦作關聖祖墓碑記記中載聖祖石磐公諱審字問之和帝永元二年庚寅生居解州常平村寶池里公沖穆好道以易春秋訓其子卒於桓帝永壽三年丁酉享年六十八子諱毅字道遠性至孝父没廬墓三年既免喪於桓帝延熹三年庚子六月二十四日生聖聖娶胡氏於靈帝光和元年戊午五月十三日生子平其大略如此朱旦又言桃園結義之俗宜闢伏魔大帝之號宜更商邱宋公嘗言壯繆惡謚當易以嘉名焉山公亦有關聖祖墓碑記謂聖既殺身成仁不可以成

敗論案朱旦與山公所論甚正足以破世俗之惑矣

陸清獻公令平湖時值巡撫慕天顔生辰衆皆獻納珍物惟恐不豐清獻獨於袖中出布一疋履二雙曰此非取諸民者爲公壽天顔笑卻之卒以微罪劾罷

濰縣相國大拜時太夫人猶無恙宣麻日公喜詠云更無朝士稱前輩尚有慈親喚小名珉珉一呼不讓蘇易簡矣

漁洋先生以詩鳴海内而風骨亦自不可及内大臣明珠之稱壽也崑山徐司寇以金箋請於先生欲得一詩侑

觴時先生未大顯貴怫然曰曲筆以媚權貴君子不爲也遂力辭之先生没後門人私謚爲文介洵不愧云見柳南隨筆按新城得謚出乾隆間　特旨自易名文簡而私謚無人復舉矣

嘉慶中濬縣奸民李文成等倡亂濬縣戒嚴知縣事臨桂朱鳳森守城功甚偉丞武進董敏善朱公客會稽余成亦誓與城同存亡事平銓功多所屈抑比道光辛卯董公子似穀朱公子琦同年發解朱以乙未董以戊戌先後與館選而余公子錫淮舉壬辰鄉試辛丑成進士以

知縣分發河南題知滑縣皆當時圍城中人也而領解適同是科宰邑仍鄰舊治天顯忠義之士足以勸已

國初容城張果中蠡縣彭了凡西華理圉和並著奇節皆與孫徵君奇逢友善王漁洋謂之蘇門三賢果中少任俠明季左光斗魏大中被逮皆主其家了凡明諸生亂後游河朔依徵君以居貞介絕俗士人餽之粟不受餓死嘯臺傍徵君題曰餓夫墓圉和本姓李恥同闖賊遂復大理之理按興化李嘉兆即南岳上人退翁父甲申後臨其子書命復姓氏時未知圉和事也適與之合天下傳爲一理徵君稱爲魯連後一人三賢雖制行過中

而敦尚風節砥礪清修聖人復生當亦置之狂猖之列嗚呼學校如林儒冠滿眼卓彼三子弗可及已按二理復姓觚古人所未有不媿豪傑而崇禎壬午闖圍承天乃有迎降通譜之巡按李振聲恐寸磔其軀不足喂理門之犬豕牛馬也

高宗精於月旦嘗以同田貫日氣甲由申八字評定人才以決用舍中如貫字氣字爲最得形容之妙能知人者能官人大知固不獨虞舜也

乾隆五十一年丙午十二月六日　上御經筵侍臣講論語仁者安仁知者利仁尚　書正德利用厚生惟和

御論以安仁利仁朱子引而未發雙峯饒氏謂與仁一
故曰其仁與仁猶二故曰於仁亦既發之矣然曷不於
顏淵子貢觀之乎顏淵安仁子貢利仁簞食瓢飲回不
改其樂是安仁也賜不受命而貨殖焉是利仁也賜不
受命非富貴貧賤之命蓋天命之謂性率性之謂道率
性卽安仁不受命卽未能安仁也貨殖者見有利於仁
如貨殖之生財耳是日筵宴特命奏抑戒之詩諸臣隨
侍者分東西班大學士阿桂嵇璜已下凡三十八人
本朝耆臣生加太傅者五人重宴瓊林者八人狀元作宰

相者八人惟潘文恭公兼之又大拜不階協辦樞廷不始學習皆異數也富貴壽考子孫繼武公之福祉三百年一人已

漳浦蔡文勤公之以庶常入都也實應喬教諭某遇諸逆旅見其舉止而異之聞諸外舅甘撫胡期恆胡以聞年大將軍遂薦於　上至大用然文勤實不知也見姚椿晚學齋文集平湖顧廣譽云年薦文勤事與方侍郎作墓誌雷副憲序文集所云奉　特旨入都者不合傳疑俟攷按果有其事年罹　嚴譴而公以　恩

遇始終正見公之柴立不阿　世宗之知人則哲

北平黃崑圃侍郎叔琳以康熙庚寅視學山東越六十年哲嗣忍廬都諫奉　命持節是邦其訓士遴才一以家訓爲規臬士林誦之

本朝儒臣以文章名世者天台齊侍郎與諸城竇侍郎齊名曰南齊北竇河間紀文達公與嘉定錢詹事齊名曰北紀南錢又曹倦圃溶評詩以南潘北李並舉蓋指天生次耕兩先生大興朱竹君學士與青浦王述庵少司寇皆喜提唱風雅人稱北朱南王嘉慶中歙鮑宮詹桂

星與童通副槐亦有南童北鮑之目則以應制詞賦見稱也

嵇文恭公弱冠為詞臣謹慎無纖微過失嘗於進呈文字中有引　御製詩用字未經改寫坐是出　南書房自後每掌文衡及進部院疏奏遇　廟諱　御名倍矢敬畏即尋常點畫之細偶有舛訛不少假貸

康熙朝豁吳君苑自檢討遷中允進侍講擢祭酒僅百日同館榮之然苑為祭酒實克舉其職故事國子生初就舍司成以下操幣以見日到監費歲滿當咨部授職有

出洺貲苑悉除之故制貢監生教習八旂弟子者年滿試禮部十人中八授縣令二授州倅資格年勞本相等徒開倖門苑奏請悉補知縣八旂子弟舊不與考校苑令一體考校仍請增鄉會試額皆報可其風節治行皆此類宜　聖祖臨雍勸講於什百詞臣中簡一人焉爲天下師不次超遷若以爲非苑莫屬也比歲章采南鑒張子騰家驥二君相繼長國學人每以鼎足孫吳視之孫文定公教冑時大著聲績今大學諸生以孫吳並稱二君人品學術甚有師法亦每稱　聖祖朝之嚮用臣僚無倖受特達之知

者

皇朝瑣屑錄卷十三

嘉州 鍾 琦 泊農

軼事三十三則

康熙朝初開大科一時名士率皆懷刺跨馬日夜詣當道者之門乞聲譽以進德州田山薑侍郎方以工部郎中膺薦辟屏居蕭寺不見一客比督學江南舁以肩輿從兩驢載衣裳一箱經史子集兩簏蒼頭奴二人踽踽行道上戒有司勿置郵傳給供張自市蔬菜十把脫粟三斗不爲酒醪佳設惟日矻矻以文章爲事見惠周惕紅

豆山莊集

常熟陳亦韓先生祖范雍正癸卯捷南宮未及臚唱以足疾告歸疾愈終不出嘗曰自問無用世才儻殿試蒙拔擢虛縻廩祿於義不可若遽乞歸自處則高矣但人人如此公家之事誰任今量能度分如此知止猶不失出處之道云云歸里後著書設教垂三十年大臣以經學薦 特旨賞國子監司業銜先生天爵自重原非借此鳴高而望實交孚必不終聽其湮沒營營者可以悟已

道光二十二年西夷和議成林文忠公則徐謫戍伊犁躬歷庫車阿克蘇等城縱橫二萬餘里在道著荷戈紀程咸豐元年倭文端公仁出爲葉爾羌幫辦大臣在道著莎車行記文忠在西域剏興水利開田至數十萬餘畝至今利賴文端至葉爾羌未久復上書言事甚切天子以爲封疆大臣宜留心邊要朝廷事非所宜言踰年即得過解任二公當萬里投荒漂搖失職之際惓惓君國如此至今讀其所著書於山川阸塞賢豪遺迹與夫風土謠俗民生疾苦凡所目擊悉筆於書古誼忠肝

躍然紙上

乾隆間侍御史孫志祖頤谷記問淵博穎悟邁人年少即無宦達之志師友强使應舉初以解經見重於督學汀州雷公補附學生其舉於鄉也武進莊侍郎策問李鼎祚周易集解侍御對最詳其中式禮部也裘文達公試詩黍稷與與文惟侍御以黍稷分比數典不紊見擘經室文集侍御本傳近見朋輩中鑽研古書不工制藝者遇稍解風雅之主司多以二三場殫洽見收而一二揣摩時尚趨風承沫之士迄老死不獲知遇陳康祺選直

省闈墨以截句代序云風氣何須細揣摩驚人文字讀書多從撫萬卷撐腸士猶困區區甲乙科可爲知言

雍正朝張文和公廷玉屢掌文柄諸弟繼起旌節聯連世稱榮遇尤莫奇於癸卯年之春秋鄉會數月之間公與介弟侍郎廷璐均兩膺簡命洵未有之盛也蓋是年四月公主順天鄉試侍郎適典試閩嶠公紀恩詩所謂傳家媲二難也九月公主禮闈侍郎適預分校公紀恩詩所謂一室掄才弟與兄也

交河王少司寇蘭生起家一秀才康熙十三年以李文貞

薦　召直內廷癸巳　賜舉人　蒙養齋開局與編纂
事後以母病請急有　旨將韻書帶回就家纂輯服闋
復赴書局日侍　講筵承　顧問辰入酉歸無間寒暑
時猶未通籍也辛丑　賜進士以庶吉士充武英殿總
裁留館踰年即署司業　典廣東試督浙學歷康熙雍
正乾隆三朝凡　天祿秘書頒行海內者靡不與點勘
之役文柄屢握　賜賚無算年僅中壽蚤躋列卿論者
謂　本朝文臣清望殊榮公尤出高文恪上云
錢文端公幼貧甚隆冬早起讀書竈無宿薪汲井水盥手

膚爲之坼未弱冠依人京師傭書餬口冬無裘入市以三百錢買皮袖自綴於袍鈔纂益力踰數年旋里課兩弟讀書於南樓去梯級縋繩送飲食歲除始一下樓如是者三年學大進遂以文字邀 異遇高官大年席寵累代 高廟南巡公扶杖迎 鑾 御製詩至有江浙大老之目可謂榮已迴憶童牙孤露饑寒逼人雖寤寐中當無此冀望士之匿影蓬蓽憔悴謀生者觀於公無自戚戚也

國初沿明季科場事諸臣尚未免有唐人通榜之習康熙

丙戌張文和公廷玉分校春闈同人有以微詞探之者
因作闈中對月絶句四首中有云簾前月色明如晝莫
作人間暮夜看其人見之懷慚而退撤棘後頗爲士流
傳誦

滿州博晰齋乾隆壬申進士由編修外任府道改官兵曹
博聞彊識於京圻掌故氏族源流尤能殫洽晚年頹放
布衫草笠遯迹長安僧舍酒樓醉輒題詠灑如也人有
叩其姓名者荅曰八千里外觀察使三十年前太史公
又云十五科前進士八千里外監司

藕陰雜記載朱竹垞以帶僕充當供事出入內廷潘稼堂
耒以浮躁輕率有玷講官爲掌院牛鈕參劾按大科初
開廷臣原議處以閒曹如中行評博之類　聖祖特
恩一二等咸入翰林詞館中以八股進身者咸懷忌嫉
遂有野翰林之目朱潘兩檢討尤負盛名宜牛鈕亟思
鋤去也不然帶僕入直京官常事豈獨竹垞一人品學
若稼堂尚玷講官誰復勝簪筆侍書之任哉
張文貞公子逸少由庶吉士改知縣遷秦州知州因公奏
請得　旨授翰林院編修文貞卒　特陞逸少爲

侍講學士以文貞僅一子也

吏部衙門有古藤乃前明吳文定寬所植翰林院衙門有

劉井柯亭劉井者亦明學士劉定之所浚柯亭者學士

柯潛所建

國初大内象食指揮俸虎食將軍俸見留青日札因明

制也

曝書亭集有恩賜禁中騎馬詩是康熙朝編檢入直亦

竟有朝馬之賞也

嘉道以後殿廷考試尤重字體道光庚戌浙人俞蔭甫

太史樾成進士素不工小楷覆試竟冠多士人咸異之後知由曾文正公蓋公方以少宗伯充閱卷官得俞文極賞之且因詩首句云花落春仍在謂與小宋將飛更作迴風舞已落猶存半面妝無異他日所至未可量也遂第一進呈後俞典學河南以人言罷職同治四年上書於公述及前事且曰由今思之蓬山乍到風引仍迴洵符落花之讖矣然窮愁著述已及百卷儻有一字流傳或亦可云春在乎因自顏所居曰春在堂案庚戌至今垂三十年是榜人物內居六官外膺封疆者不聞大

著聲績太史則鑽擘經史譔著裒然楛苑一時優劣千
古相士若文正公洵風塵巨眼矣
錢塘洪太學昉著長生殿傳奇初成授內聚班演之
聖祖覽之稱善　賜優人白金二十兩於是諸親王
及閣部大臣凡有宴會必演此劇而纏頭之賞殆不貲
內聚班優人請開筵爲洪君壽而即演是劇以侑觴名
流之在都下者悉爲羅致而不及某給諫給諫奏謂
皇太后忌辰宴樂爲大不敬請按律治罪　上覽
其奏命下刑部獄凡士大夫及諸生除名者幾五十人

益都趙贊善伸符海甯查太學夏重其最著者後查改名慎行登第趙竟廢置終其身

國初每科進士除選庶吉士外分派各部以主事學習行走三年期滿始以部屬知縣分別錄用乾隆元年經侍郎勵宗萬奏請嗣後學習期滿人員令該堂官出具考語分三等引見一等補主事二等卽用知縣三等補國子監助教監丞及司經局正字等缺又前因禮部事簡停止分派學習主事至是宗萬請仍照舊例與五部一體籤派下部議行

兵部侍郎淩如煥督學湖北時以明臣楊漣元孫可鏡充拔貢可鏡赴朝考以文理荒謬議革並議淩煥降一級調用　世宗特諭云楊漣父子兩世忠義其子孫雖文藝不工亦當格外造就楊可鏡準作選拔赴國子監肄業仍著禮部帶領引　見淩如煥免其降級　世宗之崇獎忠節洵無微不至矣

國家故事大考翰詹惟一等及二等前後名得遷擢稍後或被文綺之　賜中贊以上列三等末必改官降黜編檢奪俸至四等則無不斥革者乾隆戊辰大考諸城竇

總憲光鼐時官編修名列四等　上夙知公特遷爲右中允異典也公古文學昌黎時文夭矯成一家言居官亦鯁直淸介爲時名臣甚矣　高宗皇帝之知人也

陽湖孫淵如先生星衍洪稚存先生亮吉丱角訂交並負才望世稱孫洪乾隆丁未庚戌兩科皆以一甲進士授編修孫丁未科第二洪庚戌科第二孫散館厲志賦用史記覼縷如畀語和珅指爲別字抑置二等蓋和方當國朝官多趨走其門先生獨不往來和銜之故有是舉顧舊例鼎甲散

部可奏請留館即改官亦可得員外郎時和掌院事欲
先生面諭先生卒不往毅然曰　天子命何官不可
爲某男子不受人惠也卒以主事分刑部出爲兗沂曹
濟道權臬事告歸洪留館後一視黔學以言事謫戍伊
犂踰年　特詔放還夫際乾嘉全盛之時卓卓如兩
先生者幸擢巍科猶不能久於館職豈天上玉堂果不
許文人厠足與然而兩元生文章經術衣被士林其出
而服官一則力避權門一則昌言　主德淸操亮節
體用兼賅彼拾許鄭唾餘竊班揚貌似通儒自命氣節

靡然者豈能望其肩背哉

常熟汪太史繹成康熙丁丑進士未及 廷對以外艱歸迨庚辰服闋束裝北上友人設酌餞別時邵青門名陵亦常熟人送之詩云已看文彩振鵷鸞重向青霄刷羽翰往哲緒言吾解說狀元原是舊吳寬汪果大魁天下他卷曾記補 殿試之鼎甲謂爲昔有今無如太史者通籍四年至使三百青袍翕然退讓尤僅遇也見陳康祺紀聞

秦少司寇瀛小峴山人文集中諸城竇公墓銘後有小峴

自記云公自浙江學政以左都御史　召還一日富陽董公手執公所書金字扇大學士和珅見而語董公曰寫字善用金無如竇東皋者遂取一扇屬董公代乞公書余適趨過董公曰秦君固善東皋先生者盍屬之因以屬余請於公公書就授余還之書款稱致齋相國自稱晚生某蓋遵舊例致齋珅號也一日和珅　召見出語余曰子見東皋告以有　御製文命其製序散直後即來領是日公隨詣珅宅領歸撰序呈進公沒後編修洪亮吉上書言事以前在　尚書房嘗被公指

斥附劾公交結和珅書扇稱師生自稱門生其誣公實甚此事關公大節不可不辨云云案諸城風節峻嶒奪情不起自不至婞婴如吳省蘭輩況小峴侍郎是時適值機庭情景宛然亦斷非師生黨護之語惟稱稚存太史因同值　上齋曾被指斥懷挾夙怨至誣人於盍棺論定之餘此則險巇小人之所爲於太史平生亦殊不類大抵總憲戇直淩人嶽嶽觥觥朝士必多未滿而與和相若離若即又未嘗不稍斂其鋒稜一時眾口詆誣遂有師相門生之謗在太史　禁廷共事所學殊

遂論古談今兩剛必競一旦偶惑浮言未遑代爲剖釋褊心盛氣白簡遽登古來君子與君子齟齬持論過中亦所嘗有略迹原心固無損二公品學也

海鹽陳太守溱精岐黃官禮曹時樞相和坤召令視疾太守咨於座主韓城王文端公曰此奸臣爾必以藥殺之否則毋見我太守謝不往和嫉之時已保御史乃出爲肇昌知府復以事貶知州按文端爲乾隆朝名相同官非人何難臚列奸私獨達　天聽明正其攬權誤國之罪假手刀圭恐涉詭詐然和珅當日以上公懿戚手

掌絲綸久領朝班非無小廉曲謹而　純皇擴寬大
之度屆耄期之年政府相攻懼傷　聖意公一時忠
憤激發嫉惡若仇容或偶爲此語挨其心術仍不失爲
磊落光明頃見太守族孫其元庸閒齋筆記所載知非
無稽之言矣
毛奇齡西河雜箋云順治元年王師下浙東時台州馮某
爲亂兵所殺同時有傷斃而未絕軀者馮魂憑之而甦
因名甦字更生別號再來丁酉戊戌聯捷天台山志謂
甦己亥進士官至刑部侍郎有天台紀游詩甚雋朗

武進縣志趙公申喬儀狀奇古圭角岸然長戶部時人呼冷廟龍王按公列朝侃侃權奸多憚之身後贈謚曰恭曰毅洵名副其實矣

周文忠天爵有勇力居恒舞大刀自樂性卞急而至孝每坐堂皇怒而刑人聞太夫人召即止而退太夫人怒則跽而請罪色愉如也或言公一逸事云任漕督時以大夫人久旋里遣幹弁賫金爲母壽囑言是積俸之貲懼太夫人不納也僕至里第見太夫人太夫人果詢以金所自來僕具以對太夫人曰得由積俸吾姑受之爾歸語主人

好自作官報　國然須變情性爲寛和庶幾留一頭顱爲將來見我地步僕唯唯迨歸見文忠詭言太夫人甚喜且僞作安慰語文忠俟其言畢遽令縛而鞭之僕不得已以實告文忠乃釋其縛曰太夫人訓我素嚴豈肯作好言語汝後述者乃眞我母語也我聞之如見母矣遂賞僕而忻悦者累日其純孝如此

闖賊入京射大清門不中因以喪氣白蓮教首冉天元入梓潼時往文昌廟求籤有一人入都之語未幾爲德參贊所擒因送成都捻逆張總愚由晉北犯順號於衆曰

戊辰正月初五日破京城御太極殿受賀初五日至保定境詢地名土人以大級店對語音似太極殿賊嗒然乃不克振示兆靈驗一若有意爲之者

湘中劉霞仙中丞蓉初以胡文忠密薦嗣在駱文忠幕府又叨薦剡特　簡川藩蔣京卿琦齡有愼名器之奏論列及之方伯自陳乞退中數語云民力既盡尚爲竭澤之漁苛政未除更獎催科之績事非出於得已情實迫以難堪確切沈痛是謂不忍人之言

葛壯節公雲飛爲水師名將嘗僞作商舟以誘賊東南海

盜擒刈極多賊中爲之謠曰莫逢葛必不活其子以敦
征粵寇有殊功能以匹馬出入賊陣賊屢披靡呼之曰
銀鎗小葛後亦殉難見郎潛紀聞
世宗朝張文和公在政府十數年間六賜帑金每賜輒以
萬計公懇辭　上諭云汝父淸白傳家汝遵守家訓
屏絕餽遺朕不忍令汝以家事縈心也公歸以　賜
金名其園歷稽史册大臣拜賜未有如此之優厚者
曾侯相嘗有論曰千古流寇無良策夫流寇猶流水也迎
而激之逐而搏之則橫決汜濫爲天下患但壅之使不

得流賊自涸矣故九江安慶江浙直東等處長圍困賊而賊隨滅皆本乎此

川督駱籲門制軍秉章以同治六年十二月十七日薨於位將軍崇樸山實奏　聞中有語云駱秉章因病在告每遇邊防有事無不與臣悉心籌畫往返商度至再至三若思慮不周便覺寢饋難安又云其所以能得人能制寇之故要皆推誠佈公上下相感一時才俊輩出至今將帥之臣大都駱秉章拔擢而楚軍効用四方駱秉章所感起而奮興者居多是其勳名冠一時正不僅川

楚士民實身受其福雖婦孺子亦皆謳思不絕等語一筆寫來言之出於至誠者也

道光朝英夷橫海上師船游弋閩浙諸洋面　宣宗命都御史祁寯藻大理寺少卿黃爵滋馳往福建閩海口祁黃會奏控海口莫如以礮墩易礮臺法以囊沙爲墩以小漁舟層疊沙囊之外以兩船首尾夾縫爲礮洞賊礮不能洞我沙而我兵隱墩內可於船罅擊賊於是福建廈門爲礮墩賊果不能近今西夷雖剏設輪船勢迅銳不可抵禦然於潮落之時沙淺之地此法猶可行

也講海防者不可不知

朝瑣屑錄卷十三終